中国东北地区旧石器时代晚期遗址黑曜岩制品原料来源探索

——兼论检测联用技术在文物产源研究中的应用

刘 爽 著

科 学 出 版 社

北 京

内 容 简 介

本书采用检测联用技术对我国东北地区黑曜岩制品的化学特征进行总结和讨论，将地球化学上的研究成果与黑曜岩制品原料来源相联系，通过考察地质上已经发表的各地区地球化学元素克拉克值，找到在中国有效的黑曜岩判源元素组合，并通过与中国东部地区火山碎屑岩元素对比值的比较，得出中国东北地区旧石器晚期黑曜岩制品具有本土特征的结论，对相关问题进行了深入的讨论。

本书适合于从事考古、历史等科技考古、文物产源研究的相关学者及相关院校师生阅读与参考。

图书在版编目（CIP）数据

中国东北地区旧石器时代晚期遗址黑曜岩制品原料来源探索：兼论检测联用技术在文物产源研究中的应用 / 刘爽著. —北京：科学出版社，2019.3

ISBN 978-7-03-060831-4

Ⅰ. ①中… Ⅱ. ①刘… Ⅲ. ①旧石器时代考古–黑曜岩–原料产地–研究–东北地区 Ⅳ. ①K876.2

中国版本图书馆CIP数据核字（2019）第047416号

责任编辑：赵 越 / 责任校对：邹慧卿

责任印制：肖 兴 / 封面设计：陈 敬

科学出版社 出版

北京东黄城根北街16号

邮政编码：100717

http://www.sciencep.com

中国科学院印刷厂 印刷

科学出版社发行 各地新华书店经销

*

2019年3月第 一 版 开本：720 × 1000 1/16

2019年3月第一次印刷 印张：11 1/2

字数：240 000

定价：168.00元

（如有印装质量问题，我社负责调换）

The Provenance of Obsidian Artifacts from the Upper Paleolithic Sites in Northeast China

By Liu Shuang

Science Press

Beijing

本书得到

吉林大学基本科研业务费哲学社会科学研究

科学前沿与交叉学科创新项目

“检测联用技术在文物产源研究中的应用”

（2018QY018）

的资助出版

序　言

在远古时代，以狩猎采集为主要生业方式的先民为了获取基本的生活资料到处迁徙逐水草而栖，与此同时，使用工具并为了提高效率而选择优质原料，在金属工具出现和广泛使用之前的石器时代，显得尤为重要。在旧石器时代早期的中后段，就有舍近求远择优选择石料的迹象出现，到了旧石器时代晚期，随着体能和智力的更加进步，人类的步伐开始向条件极为艰苦的高寒地区迈进，也许迫于环境和生存压力，寻找食物同时寻求更优质的生产资源成为人们四处流徙的内驱力之一，黑曜岩这种品质优良产地有限的石材原料就在这个历史时期大量涌现，并在现今因其具有优异的判源禀赋，而受到通过检测分析手段研究古代人类社会的科技考古学者的广泛关注。

遗址中的黑曜岩制品之所以能够分析判断来源产地，主要有以下两点原因：①黑曜岩是火山玻璃，由火山喷发的酸性岩浆快速冷凝而成，产地和产量有限；②不同时期不同地域的火山喷发形成的黑曜岩具有不同的地球化学特征。

因此，黑曜岩具有判定遗址中石器原料来源的“示踪作用”。作为性能优良的石材，黑曜岩在远古时代被亚、非、欧、美等大陆的先民刻意搜寻，制成锋刃工具或武器随身携带。所以，通过对遗址中黑曜岩制品与原料产地关系的研究，可以了解史前人类迁徙和交流路线，以及对矿产资源的开发利用等情况，在人类遗存相对稀少的史前历史研究中具有重要的学术价值。

本书通过对遗址中黑曜岩制品和原料关系的研究，来试图描述万年以前人类对原料资源的开发和利用方式，揭示原料对人类社会交流和技术进步的可能影响，结合周边地区和国家的相关研究，破解东北亚的史前人类适应环境的生存策略以及迁徙流动之谜。具体内容如下：

通过对检测方法的评估，确定判断黑曜岩制品原料来源可靠的实验方法和技术路线；建立黑曜岩制品的化学成分基础数据库，总结各遗址化学元素特征规律，对黑曜岩制品作精细入微的考察；选择有效的判源元素组合及简易的分辨矿源的方法；判断同一遗址里的黑曜岩制品是否来自于同一个源；不同遗址对黑曜岩原料利用模式及差异；推测遗址中黑曜岩制品原料的主要来源地；中国东北地区是否存在黑曜岩原料的远程交换并预测未知源；进而，通过国内外已经发表的研究成果，寻找并验证不同实验方法之间进行数据整合的具体方法，说明东北亚地区是否存在广泛的优质原料交流网，如果存在，其动力和具体的路径是什么，如果不存在，其内在的原因又是什么；以及在此研究过程中对相关问题的研判：如通过已有的地质上对中国各地区地球化学元素克拉克值来确定有效的判源元素组合，并分析遗址中的黑曜岩制品的原生矿源产地；通过对大洞遗址石器和砾石风化层与非风化层的主量元素变化规律来考察黑曜岩制品风化环境；大洞遗址黑曜岩制品与遗址中河滩砾石的关系；遗址中不同发掘区、不同地层的黑曜岩制品是否存在显著性的化学特征差异；遗址中的石片与石核的关系，进而推测先民对原料的利用方式；石器性状与化学元素特征有无联系……从而为进一步展开黑曜岩原料来源的调查和全面综合的黑曜岩考古研究奠定科学基础。

目　　录

第一章　黑曜岩制品原料来源研究综述[1]

文物断代和判源是科技考古研究的两大热点，前者提供古代遗存的时间标尺，后者提供空间坐标，二者有机结合，可望建立考古研究的基础——时空框架[2]。许多重要课题如文明探源、陶器起源[3]等都是在科学测年和检测分析中获得突破性进展。严文明先生亦指出：由于考古学研究是以实物为基础的，随着科学技术的发展，这种研究还可以不断深入，在同样的实物里可以提取更多和更加准确的信息……不断关注科学技术与考古学之间的可能的结合点，认真进行实验和研究，使得考古学可以随着科学技术的发展而不断发展[4]。黑曜岩就是这样一种通过现代科技手段不断挖掘其所蕴含的内在信息从而能够为我们提供丰富的古代人类社会图景的史前实物遗存。

第一节　西方黑曜岩产源研究概况

黑曜岩是火山剧烈喷发形成的岩浆喷出型火成岩，由SiO_2含量高达70%～75%的酸性熔岩在迅速冷凝的条件下由于未能结晶而形成的火山玻璃。它性状独特，质优者黝黑光亮，边锋锐利，与普通石料判然相别，早在十万年前，就被非洲创造了阿舍利文化的远古人类用来制作手斧[5]，在希腊罗马时代，曾被作为一种珍贵的石材载入史册[6]。

西方在19世纪初开始关注遗址中出土的黑曜岩制品，但直到20世纪60年代中后期，随着能够对微量元素进行定量检测分析技术的开发和应用，黑曜岩这种具有“示踪作用”的石材在研究早期人类迁徙、交换活动中的特殊作用才开始受到学界的重视，随后陆续开展全球性的黑曜岩制品和矿源调查及分析研究工作。目前，国际上已有多个专门的黑曜岩研究机构和实验室，据不完全统计，仅美洲一地，近年来与黑曜岩产源相关的重要研究成果就有近百项，其中不仅有学术论文与专著，还有多篇学位论文。

早期的研究工作采用原子发射光谱[7]、裂变径迹法[8]、中子活化[9]和X射线荧光分析技术等[10, 11]，将黑曜岩按元素特征分组，有的还与石器的形制相联系，开辟了与传统石器研究不同的新领域。但必须承认，由于当时仪器精度尚需完善，分析样品数量有限，且黑曜岩矿产资源调查不够充分，因此一些结论存有争议，但其工作在科技考古研究领域中具有开创性意义。

1965年，科林·伦福儒等学者根据希腊北部一些新石器时代遗址拥有大量产自米洛斯黑曜岩的情况，指出：早在公元前六七千年，希腊史前人类已具备造船和航海能力。1967～1974年，对希腊伯罗奔尼撒半岛的法郎契特洞穴的发掘中，在中石器时代后期地层遗存中发现了大量的鱼骨化石和用黑曜岩（来自于东南的米洛斯岛）制作的石器，是世界上人类航海活动或海上运输迄今所知的最早的证据材料[12]。

20世纪80年代中期，泰勒（Taylor）的《黑曜岩研究进展：考古学和地球化学视角》（*Advances in Obsidian Glass Studies : Archaeological and Geochemical Perspectives*）一书对黑曜岩考古研究首次进行了综合论述[13]，阐明考古学与地球化学相结合的研究方法在黑曜岩研究中的重要性和应用前景，具有里程碑作用。随后，各国科技考古工作者不断尝试使用不同的检测技术和分析方法，在计算机科学、化学分析技术及数据处理方法日新月异的推动下，黑曜岩产源研究在解决史前人类迁徙、经济形态、资源利用及文化交流等方面发挥了越来越令人瞩目的重要作用。

1986年，理查德·胡克（Richard E. Hughes）采用ED-XRF等方法对美国加利福尼亚州东北部和俄勒冈州中南部两个地区出土的黑曜岩制品进行分析，并采用统计分析方法，以微量元素Rb、Sr、Y、Zr、Nb为变量对这两个地区的黑曜岩进行科学研究，揭示了石器制造者对资源利用的不同模式，反映了古代人类行为的动态发展变化[14]。科林·伦福儒等人应用主微量元素分析方法以及裂变径迹法对近东地区出土黑曜岩制品进行了综合研究，结果表明，近东地区新石器时代早期遗址黑曜岩的产地来源有四个：安纳托利亚中部两个，主要输送到塞浦路斯、安纳托利亚和利凡特地区到巴勒斯坦一带；安纳托利亚东部亚美尼亚两个，主要输送到伊朗的扎格罗斯山区的一些遗址如Ali Kosh。在接近黑曜岩产地的遗址，黑曜岩占打制石器的80%，说明在“供应区”（距离产地320千米的范围内）之内，人们直接从产地采集黑曜岩，在“供应区”之外，黑曜岩的发现表现为指数缩减，表明它是由一个村庄传给下一个村庄，以这种形式不断地被输送传递[15]。这是对黑曜岩判源工作开展得较为成功的案例之一。

斯帝文·萨克雷（M. Steven Shackley）作为国际上颇具声望的黑曜岩研究专家，对自泰勒之后20多年的黑曜岩考古理论和方法及成就进行了总结和回顾，充分肯定了黑曜岩研究在史前考古和古人类行为研究中的重要意义和价值[16]。加莫巴斯蒂安尼（Mar. Alan Giambastiani）的博士论文将矿源的研究与西部大盆地古人类定居迁徙等活动结合起来，成功地揭示在火山高原地区黑曜岩应用的时空模式以及由此昭示的石器技术和定居迁徙方式的长时段变化[17]，为我们的研究提供了一定的方法学上的借鉴。

康斯坦汀尼斯科（B. Constantinescu）等学者对罗马尼亚的特兰西瓦尼亚地区新石器时代遗址黑曜岩制品矿料产源进行研究，采用PIXE、micro-PIXE及XRF等技术，对矿源指示作用较强的元素对比值（Ti/Mn—Rb/Zr、Ba/Ce—Y/Zr）做二维散点图分析，判断出这些黑曜岩制品的三个不同来源路线，揭示出公元前5000年末期在中欧和东欧存在的贸易交流网和超过1500千米的交流路线[18]，从而有助于阐明古代中东欧人群之间演化关系等重要历史课题。

裂变径迹法（FT）自1971年被引入到黑曜岩的矿料产源研究中，经过多年的积累，其理论和方法不断进步，成为对化学元素分析方法的有效补充[19]。2001年，拜兰达（R. Badalian）等学者指出由于实验误差的缘故，FT法在判断同一地域短时间段内不同的火山喷发年代时存在一定的问题，但可以通过铀系测年及化学成分判源等方法进行弥补[20]。随后，同一课题组的进一步研究表明[21]，该法可以对年轻火山的年龄进行判断，并可以分辨由人类加热行为导致的裂变径迹的变化，从而测定黑曜岩制品加工时的年龄，以与通常的火山喷发的"地质年代"相区别，首次提出用FT法判断黑曜岩制品制造年代判定方法，具有重要的学术意义。

LA-ICP-MS法由于具有无损快速、灵敏度高、检出限低等优点在黑曜岩矿源研究中发挥了重要的作用[22]。杰莫·艾肯（Jelmer W. Eerkens）等学者应用此技术，对美国加利福尼亚州的重要遗址之一——欧文（Owens）村不同时期的黑曜岩制品形制、数量、大小与矿料产源距离之间的关系进行比较分析，结合已有的研究成果，揭示这一地区史前人类行为方式，论述了相关的定居模式、流动频率、资源利用、石器制造、贸易交换等方面内容，不仅提供了详尽的实验操作规程，并应用水合层的结果对样品的代表性进行检讨，为同类课题的研究提供了方法学上的典范[23]。

当前，国际上对黑曜岩矿源的研究越来越呈现多种方法结合研究的趋势。ICP-MS、ICP-AES和LA-ICP-MS被应用在土耳其的柴特尔·休于遗址，三种方法间的互相印证增加了分析结果的可信度[24]。在南美洲，黑曜岩矿源研究主要应用化学元素分析和裂变径迹法定年。2008年，罗得斯·白洛特-盖莱特（Ludovic Bellot-Gurlet）等学者使用ICP-AES、ICP-MS和PIXE方法，测定主量元素与微量元素（包括稀土元素）的含量并分为十个元素组，与裂变径迹法测定的年代结合起来，对哥伦比亚和厄瓜多尔的黑曜岩矿源进行详尽细致的描述和比较研究。在分析一些黑曜岩制品的裂变径迹年代与由元素组成判断的矿源年代不符的原因时，作者认为：一种可能是由于在同一地区的火山不同时段喷发造成；另一种可能是存在还没有被发现的潜在的矿源，从而得出更多的区域性调查需要继续进行的结论[25]。

从岩石磁性的角度对黑曜岩的产源进行研究始自1983年[26]，J. 尤提拉-福高士（J. Urrutia-Fucugauchi）将这种方法应用于墨西哥中部火山带的研究，在强调了这种方法的经济适用、无损便捷的优点后，他进一步指出，由于存在磁性重叠导致的精度不够等问题，更细致的工作以及与化学成分分析相结合是进行产源研究的有效手段[27]。

泰克特（R. H. Tykot）在总结考古判源研究的方法和应用时指出：对矿源全面的地质调查和揭露是对人工制品进行分析的基础。在地中海地区黑曜岩的研究中，元素特征和裂变径迹法定年是最有成效的方法，同时强调有代表性样品的选择对最终结果起着重要的作用，并认为地质学家、考古学家和化学家之间的相互合作以及系统研究是非常必要的[28]。在安纳托利亚中部、爱琴海和中欧地区，最新的成果是应用p-XRF检测黑曜岩的微量元素Rb-Sr-Zr，成功地进行了原料产源分析[29]。

综上所述，国际上黑曜岩矿料产源的研究集中在矿源的全面调查和新矿源的揭露发现，以及应用各种现代科技方法，如INAA、XRF、PIXE、LA-ICP-MS、ICP-AES、FT（裂变径迹法定年）、K-Ar法测年、HD（水合层定年）等进行地球化学特征、成矿年代及工具制造年代以及物化性质分析，在明确矿源特征的基础上，判断遗址出土的黑曜岩制品的具体来源，从而进一步揭示人类行为模式和变化趋势及原因，具有物理、化学、地质、考古等多学科综合研究的特点，并向矿源的全面调查和揭露、全样品数据库建设、提高方法精确度、数据的科学处理和解读以及多种方法结合等方向发展。

第二节　东北亚地区黑曜岩产源研究现状

在东北亚，位于中朝边境的长白山区、日本及西部岛屿、俄罗斯远东地区、堪察加半岛等都是比较重要的黑曜岩产地。1949年，日本在群马县新田郡岩宿附近的火山灰堆积崖面上发现黑曜岩制品，被确认为日本列岛首次发现的旧石器遗址，开创了日本史前史研究的新纪元[30]，其关于黑曜岩产源研究在东北亚地区亦起步较早（Suzuki 1970，1973；Ono1984；Yamamoto1990），始于20世纪60年代，应用INAA、ED-XRF等方法进行检测分析，经过几十年的积累，取得了较丰硕的成果，如在北海道有21个不同地球化学特征的黑曜岩矿源被分辨出来，大部分确定了原生位置，环日本海地区黑曜岩交换距离最远可达3000千米[31]；对其中两个产源——Shirataki和Oketo研究得详细深入，根据其各自的元素特征分别定出两个亚组（Shirataki-A、Shirataki-B和Oketo-A、Oketo-B）[32]。目前，日本不仅有专门的研究期刊——《黑耀石文化研究》[33]，还有专门的黑曜岩研究机构——由小野昭教授负责的明治大学黑曜岩研究室，对推动东北亚地区黑曜岩综合研究方面做出了较大贡献。

俄罗斯学者在20世纪80年代着手远东地区黑曜岩产源研究[34]。2001年，应用波长色散X荧光（WD-XRF）和能量色散X荧光（ED-XRF）对滨海地区南部天然黑曜岩和两处遗址（Novovarvarovka-1 和Maladozhunaya）中黑曜岩制品检测分析的结果表明：这两个旧石器晚期遗址中黑曜岩制品（13件）一部分来自于遗址附近河床上的天然黑曜岩砾石，另一部分来自于较远的滨海中部地区，而且，这些样品与日本北海道完全不同[35]。

库兹名（Kuzmin）等应用中子活化法（INAA）分析了远东库页岛35个从旧石器时代晚期到早期铁器时代遗址中的79件黑曜岩制品，同时检测了日本北海道四个地点的黑曜岩原料，结果表明：这两个地方在史前时期存在密切的联系，其中来自北海道两个矿源Oketo和Shirataki的黑曜岩原料遍布整个库页岛，其最远距离可达1000千米[36]。

在俄罗斯，更进一步的研究工作是应用中子活化法（INAA）和能量色散X荧光（ED-XRF）对24处地质矿源的80件火山玻璃样品（长白山4个样品）和36个从旧石器晚期到中世纪遗址中110件黑曜岩制品进行系统的检测分析，对两个微量元素Hf-Eu作散点图分析，结果显示存在10个不同的化学组，其中主要的3个化学组是玄武岩高地、长白山-1和格拉得卡亚河-1，有3个旧石器晚期遗址黑曜岩制品来自长白山区，其间距离最远可达700千米[37]。波波夫等（2005）[38]根据在长白山区地面调查的样品和俄远东滨海南部遗址中的黑曜岩制品将长白山区黑曜岩分为三组：PNK1、PNK2、PNK3，其中PNK1质地较优。朝鲜半岛遗址只利用其中PNK1、PNK2，在半岛南缘的遗址中黑曜岩制品一部分来自长白山，一部分来自日本，还有一部分来源未知[39]。

在中朝界河图们江流域，关于黑曜岩制品发现较早的文献记载是日本学者德永重康于1939年出版的《豆满江沿岸潼关镇发掘报告》[40]，其中提到1935年在图们江下游右岸潼关镇发现两件黑曜岩石片（石叶中段），从某种意义上似乎预示了该地区在黑曜岩考古研究中所处的重要地理位置：与之相距近70年之后的21世纪初，在图们江流域的吉林省东部山区发现沿江及其支流分布的旧石器晚期黑曜岩遗址多达20余处，黑曜岩制品万余件，从而开启了中国黑曜岩考古研究新篇章，近年来相关成果层出迭现，而于1988年发表的介绍黑曜岩考古学意义的文章[41]，虽然对黑曜岩产源研究在解决考古学重大课题中所起的作用进行了详细的介绍，却由于当时国内黑曜岩制品的发现比较稀少，而没有引起学术界的足够重视和研究热情。

自20世纪60年代始，我国陆续有黑曜岩人工制品出土，多是零星的发现，以吉林省为最，其次是黑龙江[42]和内蒙古地区[43]，河北[44]较少，黑曜岩考古研究处于沉寂状态，这种状况直到21世纪初才得到彻底扭转。在吉林大学边疆考古研究中心的支持及相关单位的配合下，由陈全家教授主持调查和发掘工作，先后在吉林延边珲春北山、和龙石人沟、和龙柳洞、辉南邵家店、抚松新屯西山、延边安图立新等遗址发现大量黑曜岩石制品，特别是在2007年大洞遗址的发掘中，不仅有大量的黑曜岩制品及残片，还发现了砾石原料，对溯源而上寻找原生矿源提供了重要线索。对这些遗址的文化性质进行类型学分析的同时，发掘者亦意识到：通过微量元素分析等方法对遗址内石制品所用黑曜岩原料的来源作进一步分析以探究古人类的活动范围及路线、证明当时与邻近地区是否存在着文化交流是非常必要的[45]；在《吉林省旧石器时代晚期细石叶工业技术分析》[46]一文中，进一步强调黑曜岩探源工作是今后需要努力的方向之一。

国外学者应用便携式X荧光光谱对中国东北旧石器晚期遗址黑曜岩制品进行了初步研究，认为长白山黑曜岩被广泛地在整个东北亚地区传播，此外，还有至少三个其他的矿源被应用，还发现遗址中有玄武玻璃制品，其地质化学组成与在远东滨海地区的矿源相同，说明在滨海地区和中国东北存在一个双向的火山玻璃制品的流动方式[47]。

第三节　黑曜岩产源研究存在的问题

据已有文献记载，在整个20世纪，中国境内出土黑曜岩制品的遗址和地点仅十余处，如图们江中游的延吉小营子石器时代墓地、内蒙古扎赉诺尔[48]、锡林郭勒盟贺斯格乌拉[49]、吉林榆树周家油坊[50]、吉林西山遗址、乾安大布苏细石器地点[51]、山西沁水下川遗址[52]、河北籍箕滩遗址、吉林桦甸仙人洞遗址[53]等，由于有的发现年代较早，有些资料已无法比对查考。我们设法对一件河北籍箕滩遗址由日本专家目验为黑曜岩的雕刻器进行了科学检测分析（仪器为北京大学考古文博学院科技考古实验室XGT-7000能量色散X射线荧光光谱显微镜），结果显示其并不是黑曜岩材质，而是二氧化硅达98 %以上的燧石原料，至此，除了东北地区，在中国境内尚无确证为黑曜岩材质的旧石器晚期石器的发现记录。这期间中国在黑曜岩考古方面工作的沉寂状态与国外近半个世纪轰轰烈烈的黑曜岩研究形成了鲜明对比（见上文），周边国家如俄罗斯、日本、朝鲜[54]的学者在对相关课题进行研究时，关于黑曜岩重要的产地之一——长白山区矿源的数据多付诸阙如或数量极少，极大地影响了该区域相关的研究进展。

21世纪第一个十年可以称之为“黑曜岩考古丰收年”，其间在中国东北地区发现的旧石器时代晚期黑曜岩遗址和石器总量远超前一个世纪的总和。王春雪等从原料的岩性、来源与分布、原料的成因及开采方式等方面对吉林省东部地区旧石器遗址石制品的原料进行研究[55, 56]，尽管发掘者也意识到产源研究的重要性，但目前工作仍多侧重于传统考古学及石器制造技术等方面的研究[57]，虽然对黑曜岩考古[58]及产源国内外研究现状进行了初步探讨[59]，对大洞遗址黑曜岩制品风化环境[60]及化学元素特征规律进行了总结[61]，但产源理化检测分析方面仍存在使用仪器较为单一、精确度有待提高、结论需要验证等问题，并且缺乏其他遗址黑曜岩制品地球化学特征系统分析和产源综合研究，研究的深度和精细度都明显落后于国外同行，这种状况亟待改观。

目前已知的黑曜岩矿主要位于吉林省九台市和长白山天池周围，前者的黑曜岩风化严重，杂质较多，是否为古人利用，尚不得而知；而研究者对于古人类所选择的黑曜岩石料是否都来自长白山，亦尚存疑虑[62]，因此，对矿源的地面调查迫在眉睫。

2008年，国外学者应用便携X射线荧光对东北地区旧石器时代晚期18个遗址440件黑曜岩制品原料来源进行了初步的研究，问题是，文中总结的矿源共有四个：一为长白山，却未总结长白山矿源的具体特征，另外三个矿源未知，而我们通过LA-ICP-AES、p-XRF和固定型ED-XRF等多种方法联用互相验证的方式对中国东北地区21个遗址近千件黑曜岩制品化学特征进行深入系统分析总结，发现以大洞为代表的长白山区黑曜岩矿本身的特征即可以大致分为四组，覆盖所有遗址中黑曜岩制品的特征；该文提到的玄武玻璃并不是黑曜岩，二者的主要区别主要在于SiO_2的含量，便携式X荧光由于仪器本身的局限，并不能准确测定主量元素如Si、Al等元素含量，因此，仅通过便携式X荧光并不能确定其是否为玄武玻璃；即使证明其是，由于玄武玻璃与黑曜岩并不属于同一类物质，因此从严格意义上讲，在做黑曜岩主成分统计分析时应将其剔除；此外，在没有对中国的玄武玻璃进行系统调查分析的前提下，只通过其数据与俄罗斯的玄武玻璃聚在一起便认定其来自俄罗斯，而没有考虑各地矿源化学特征上可能的重叠性，所以此结论未免轻率，因此，我们认为有必要进行进一步检验和重新考察审视。

当前，成分分析在黑曜岩产源研究上的重要作用已经得到学术界共识，常用的分析方法有INAA、XRF（ED-XRF、WD-XRF、p-XRF）、ICP-AES、ICP-MS、PIXE等，问题是不同实验室不同仪器设备得出的数据之间通常存在系统误差，不能够简单地放在一起进行比较分析，这就给由不同方法得出结果的不同国家和地区间黑曜岩产源深入系统研究带来一定麻烦，怎样找到恰当有效的方法整合这些数据亦是本书首要解决的问题之一。

第四节　本书的研究内容和目的

一、研 究 内 容

黑曜岩是一种岩浆喷出型的火山玻璃，其质地优良者经过打制边锋锐利，在远古时代被亚、非、欧、美等大陆的人类广泛用于制作工具，可随身携带并用于远程贸易。由于能够产生遗留至今的黑曜岩的火山数量有限，而不同时段不同地域火山喷发形成的黑曜岩具有不同的地球化学特征，因此，黑曜岩具有判定矿料产源的“示踪作用”。通过对遗址中黑曜岩制品与原料产地关系的判断，可以了解史前人类贸易、迁徙和文化交流路线，以及对矿产资源的开发利用等情况，在人类遗存相对稀少的史前历史研究中具有重要的学术价值。

本书的研究内容主要包括以下几个方面：

（1）对LA-ICP-AES、p-XRF和固定型ED-XRF等方法联用进行黑曜岩产源研究可行性分析；

（2）建立中国东北地区旧石器晚期遗址黑曜岩制品与相关样品数据库；

（3）总结中国东北地区旧石器时代晚期遗址黑曜岩制品化学成分特征，确定判源特征元素组合；

（4）长白山、九台等潜在源样品及日本、美国、土耳其、朝鲜样品对比研究；

（5）应用多元统计分析等方法进行数据处理和产源分析，预测原生矿源；

（6）应用判源特征元素对比值法整合不同实验方法的数据，进行国际间比对；

（7）对遗址中石料来源、利用方式、风化环境及导致原料质地差异的原因等进行考察；

（8）中国旧石器晚期的原料利用模式与相关文化互动研究。

二、研 究 目 的

纵观国内外已有的研究成果，开展多学科合作，强强联合优势互补进行黑曜岩矿料产源的综合性课题研究是大势所趋。本书在这种大背景下，由吉林大学边疆考古研究中心和北京大学考古文博学院共同支持完成，旨在促进我国黑曜岩矿产资源的调查和矿料产源的研究工作，在对中国境内长白山区黑曜岩矿源和吉林省东部史前遗址黑曜岩制品进行系统梳理的基础上，建立各个遗址黑曜岩制品和矿源样品化学成分数据库，进行多角度全方位分析论证，总结中国东北地区旧石器晚期遗址黑曜岩制品的化学特征，并与周边国家及地区的研究成果进行对比，填补中国东北地区旧石器晚期关于黑曜岩原料来源研究科学系统、综合精细研究的空白，为东北亚史前居民跨区域迁徙和文化交流提供重要依据，推动中国东北地区旧石器时代晚期考古研究工作向更加广泛深入的方向前进。

注　释

［1］刘爽、吴小红、陈全家：《黑曜岩产源研究的国内外研究现状及发展趋势综述》，《边疆考古研究》（第7辑），科学出版社，2008年，第34～40页。

［2］王昌燧、邱平等：《文物断源研究之成果、心得和思考》，《科技考古论丛》（第三辑），中国科学技术大学出版社，2003年，第26～32页。

［3］Wu Xiaohong, etc. Early pottery at 20,000 years ago in Xianrendong Cave, China. *Science*, 2012, 336 (6): 1696-1700.

［4］严文明：《科学技术与考古学》，《科技考古论丛》（第三辑），中国科学技术大学出版社，2003年，第3～5页。

［5］张富强：《地中海和西亚地区黑曜石考古含义述略》，《世界历史》1988年第4期，第123～132页。

［6］希罗多德：《历史》，商务印书馆，1959年，第661页。

［7］Renfrew, C., etc. The characterization of obsidian and its application to the Mediterranean Region. *The Proceedings of Prehistoric Society*, 1964 (30): 112.

［8］Durrani, S. A., etc. Obsidian source identification by fission track analysis. *Nature*, 1971 (233): 242.

［9］Aspinall, A., etc. Neutron activation analysis of Aegean obsidian. *Nature*, 1972 (237): 333.

［10］Hester, T. R., etc. *The Obsidian of Tres Zapotes, Veracruz, Mexico*. Papers on Olmec and Maya Archaeology. University of California Department of Anthropology Berkeley, 1971: 65-131.

［11］Thomas, R. H., etc. *Technology and Geologic Sources of Obsidian Artifacts from Cerro De Las Mesas, Veracruz, Mexico, with Observations on Olmec Trade*. Papers on Olmec and Maya Archaeology. University of California, Department of Anthropology, Berkeley, 1971: 133-141.

［12］张富强：《地中海和西亚地区黑曜石考古含义述略》，《世界历史》1988年第4期，第123～132页。

［13］Taylor, R. E., etc. *Advances in Obsidian Glass Studies: Archaeological and Geochemical Perspectives*. Noyes Press, 1967.

[14] Hughes, R. E. *Diachronic Variability in Obsidian Procurement Patterns in Northeastern California and Southcentral Oregon*, 1986.

[15] Renfrew, C., etc. *Archaeology: Theories Methods and Practice*. Thames and Hudson Ltd., London, 2000.

[16] Shackley, M. S. *Archaeological Obsidian Studies: Method and Theory*. Plenum Press, 1998.

[17] Giambastiani, M. A. *Prehistoric Obsidian Use on the Volcanic Tableland and its Implications for Settlement Patterns and Technological Change in the Western Great Basin*, 2004.

[18] Constantinescu, B., etc. Obsidian provenance studies of Transylvania's Neolithic tools using PIXE, micro-PIXE and XRF. *Nuclear Instruments and Methods in Physics Research B*, 2002 (189): 373-377.

[19] Bellot-Gurlet, L., etc. The fission-track analysis: an alternative technique for provenance studies of prehistoric obsidian artefacts. *Radiation Measurements*, 1999 (31): 639-644.

[20] Badalian, R., etc. An international research project on Armenian archaeological sites: fission-track dating of obsidian. *Radiation Measurements*, 2001 (34): 373-378.

[21] Chataigner, C., etc. Provenance studies of obsidian artefacts from Armenian archaeological sites using the fission-track dating method. *Journal of Non-Crystalline Solids*, 2003 (323): 167-171.

[22] Gratuze, B. Obsidian characterization by Laser Ablation ICP-MS and its application to prehistoric trade in the Mediterranean and the Near East: sources and distribution of obsidian within the Aegean and Anatolia. *Journal of Archaeological Science*, 1999 (26): 869-881.

[23] Eerkens, J. W., etc. Measuring prehistoric mobility strategies based on obsidian geochemical and technological signatures in the Owens Valley, California. *Journal of Archaeological Science* (2007), doi:10.1016/j.jas.2007.05.016 1-13.

[24] Carter, T., etc. A new programme of obsidian characterization at Catalhoyuk, Turkey. *Journal of Archaeological Science*, 2006 (33): 893-909.

[25] Bellot-Gurlet, L., etc. Obsidian provenance studies in Colombia and Ecuador: obsidian sources revisited. *Journal of Archaeological Science*, 2008 (35): 272-289.

[26] McDougall, J. M., etc. The magnetic sourcing of obsidian samples from Mediterranean and near Eastern sources. *Journal of Archaeological Science*, 1983, 10 (5): 441-452.

[27] Urrutia-Fucugauchi, J. Preliminary result of a rock-magnetic study of obsidians from central Mexico. *Geofisia Internacional*, 1999, 38 (2): 83-94.

[28] Tykot, R. H. *Scientific Methods and Applications to Archaeological Provenance Studies*, 2004.

[29] Milic, M. PXRF characterization of obsidian from central Anatolia, the Aegean and central

Europe. *Journal of Archaeological Science*, 2014 (41): 285-296.

［30］黄慰文：《日本旧石器考古新进展》，《人类学学报》1989年第8卷第1期，第84页。

［31］Izuho, M., etc. Archaeological obsidian studies in Hokkaido, Japan: Retrospect and Prospects. *Indo-Pacific Prehistory Association Bulletin*, 2007 (27): 114-121.

［32］Kuzmin, Y. V., etc. The geochemistry of the major sources of archaeological obsidian on Hokkaido island (Japan): Shirataki and Oketo. *Archaeometry*, 2012 (4): 1-12.

［33］小畑弘己. Study on the changes of hunting instruments from Pleistocene to Holocene in Far East and the Sea of Japan Rim. 平成16年（2004）3月.

［34］库兹名：《东北亚地区史前时代的黑曜岩交换网络研究新进展》，《历史与考古信息》2012年第2期，第15页。

［35］A. 尤希塔尼等：《俄罗斯远东地区中部的滨海南部地域内旧石器时代晚期遗址出土黑曜岩石片的原产地分析》，《历史与考古信息·东北亚》2006年第1期，第61～66页。译自《考古学与自然科学》第47卷，第1～12页。

［36］Kuzmin, Y. V., etc. Sources of archaeological obsidian on Sakhalin Island (Russian Far East). *Journal of Archaeological Science*, 2002 (29): 741-749.

［37］Kuzmin, Y. V., etc. Sources archaeological volcanic glass in the primorye (maritime) province, Russian Far East. *Archaeometry*, 2002, 44 (4): 505-515.

［38］Popov, et al. Geochemistry of volcanic glasses from the Paektusan volcano. *Doklady Earth Science*, 2005, 403 (5): 803-807.

［39］Kim, J. C., etc. PLXE provenancing of obsidian artifacts from Paleolithic sites in Korea. *Indo-Pacific Prehistory Association Bulletin*, 2007 (27): 122-128.

［40］德永重康、森为三：《豆满江沿岸潼关镇发掘报告》，《第1次满蒙学术调查研究团报：第2部第4编》，1939年，第1～26页。

［41］张富强：《地中海和西亚地区黑曜石考古含义述略》，《世界历史》1988年第4期，第123～132页。

［42］王祥滨、张志成：《宁安市渤海镇西安村东遗址发掘简报》，《北方文物》2004年第4期。

［43］马秀：《内蒙古锡盟贺斯格乌拉的细石器文化遗存》，《考古学集刊》（第四集），中国社会科学院出版社，1984年，第64～75页。

［44］朱之勇，高星：《虎头梁遗址楔型细石核研究》，《人类学学报》2006年第25卷第2期，第129～142页。

［45］陈全家等：《延边和龙石人沟旧石器遗址2005年试掘报告》，《人类学学报》2010年第29卷第2期。

［46］王春雪、赵海龙、陈全家：《吉林省东部地区旧石器时代晚期细石叶工业技术分析》，《边疆考古研究》（第8辑），科学出版社，2010年，第1～13页。

[47] Jia, Weiming, etc. Moving sources: A preliminary study of volcanic glass artifact distributions in northeast China using PXRF. *Journal of Archaeological Science*, 2010 (37): 1670-1677.

[48] 陈恩志：《中国化石古人类和旧石器文化考古发现与研究（1901～2000）》（东北地区卷），科学出版社，2004年。

[49] 马秀：《内蒙古锡盟贺斯格乌拉的细石器文化遗存》，《考古学集刊》（第四集），中国社会科学院出版社，1984年，第73页。

[50] 刘祥、程新民、隋维国：《榆树县周家油坊旧石器新资料》，《长春地质学院学报》1988年第18卷第2期，第168～170页。

[51] 董祝安：《大布苏的细石器》，《人类学学报》1989年第8卷第1期，第49～58页。

[52] 王建等：《下川文化——山西下川遗址调查报告》，《考古学报》1978年第3期，第263页。

[53] 陈全家等：《吉林寿山桦甸仙人洞旧石器遗址试掘报告》，《人类学学报》1994年第13卷第1期，第12～19页。

[54] Lee, Heon Jong. Role of Obsidian in Upper Paleolithic, Korea. 黑耀石文化研究，第4号，2006年。

[55] 王春雪、赵海龙、陈全家：《试析吉林省东部地区旧石器晚期遗址石质品原料的开发与利用》，《人类学学报》（待刊）。

[56] 王春雪等：《试析吉林和龙石人沟旧石器时代晚期遗址古人类的技术与行为》，《边疆考古研究》（第6辑），科学出版社，2007年。

[57] a. 李有骞：《黑龙江流域及东临地区旧石器工业研究》，吉林大学博士学位论文，2009年。

b. 方启：《吉林省东部地区黑曜岩石器微痕研究》，吉林大学博士学位论文，2009年。

c. 赵海龙：《黑曜石两面尖状器实验研究及废片分析——以和龙大洞遗址为案例》，吉林大学博士学位论文，2012年。

[58] 刘爽、吴小红、陈全家：《黑曜岩的考古学研究概述》，《边疆考古研究》（第8辑），科学出版社，2009年，第301～308页。

[59] 刘爽、吴小红、陈全家：《黑曜岩产源研究的国内外研究现状及发展趋势综述》，《边疆考古研究》（第7辑），科学出版社，第2008年，第34～40页。

[60] 刘爽、吴小红、陈全家：《黑曜岩风化层与非风化层化学成分变化与风化环境》，《边疆考古研究》（第11辑），科学出版社，2012年，第383～387页。

[61] 刘爽、陈全家、吴小红：《吉林省东部旧石器晚期大洞遗址黑曜岩石器判源元素特征分析》，《边疆考古研究》（第13辑），科学出版社，2013年，第275～281页。

[62] 程新民、陈全家、赵海龙、李阳、丁未：《吉林省东部旧石器时代人地关系初探》，《边疆考古研究》（第7辑），科学出版社，2008年，第1～8页。

第二章　中国东北地区黑曜岩考古研究背景

第一节　研究背景

中国东北地区位于东经115.5°以东，北纬38.6°以北的北半球中纬度地带，包括辽宁、吉林、黑龙江三省和内蒙古自治区东部，面积约124万平方千米。它属于世界三大平原之一的西伯利亚平原的一部分，在欧亚大陆最东端，与中亚大草原的东缘接壤。北界俄罗斯，南邻黄海、渤海湾，西接蒙古，东南部著名的休眠火山长白山绵亘其间，以图们江、鸭绿江为界与朝鲜隔江相望，东越大海，与日本列岛600千米遥相呼应，东北方向越过俄罗斯远东地区白令海峡后80千米即是美国阿拉斯加、加拿大，西南角通过狭窄的辽西走廊越过山海关抵达华北平原。位于“黑曜岩母亲河”图们江下游的珲春市是东北亚地区的几何中心，也是中国距离朝、韩、俄、日乃至北美的最近点，素有“东北亚金三角”之称。

其地形总体特征是复杂多样，周边群山峻岭形成巨大的屏障，将广阔的三江平原、松嫩平原和辽河平原环抱其中。既有东部大陆的最高峰长白山白云峰，也有丘陵峡谷、河流湖泊，平原土质肥沃，草原上植物繁盛，其丰富的动植物资源为远古人类的生存提供了最基本的物质保障。由于该地区处于由日本、俄罗斯、朝鲜、韩国、蒙古与中国东北部组成的东北亚的中心位置，西南面又与中国远古文明的发祥地——中原腹地相连，因此，在东亚以及东北亚古代人类文化的相互影响和交流以及迁徙的研究中处于重要地位，可以形象地称之为“东北亚古人类文化交流枢纽”（图2-1）。又由于其自然环境的相对封闭以及生活资源相对自给自足，其文化传统又体现出自身鲜明的稳定独立的特点[1]。

根据对遗址的动物化石及孢粉的分析，在旧石器时代晚期，受第四纪冰期

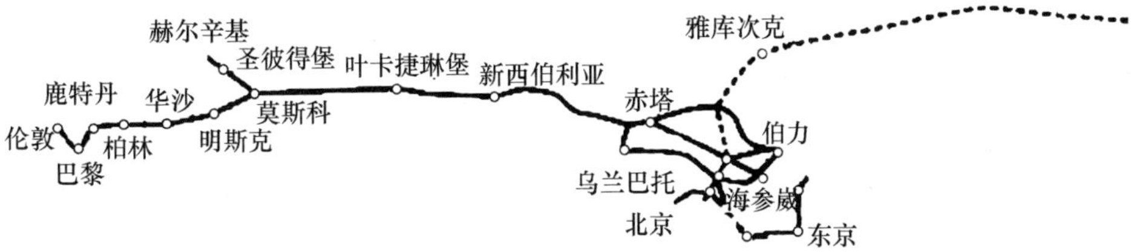

图2-1　中国东北地区：东北亚古人类文化交流枢纽

气候的影响，东北地区气候的总体特征是寒冷偏湿，森林草原植被，动植物资源比较丰富[2, 3]，是适合具有一定狩猎采集能力的远古人类生存的环境。考古资料表明，在四五十万年前的旧石器时代早期，人类的足迹就已踏及东北地区南部的辽宁地区，及至旧石器时代晚期，近百处遗址和地点的发现足以说明此时人类的足迹已遍布东北全境（见表2-1）。

表2-1　中国东北地区旧石器时代遗址和地点简表

	辽宁	吉林	黑龙江
旧石器时代早期	本溪庙后山、营口金牛山、营口藏山遗址等	桦甸寿山仙人洞下文化层等	
旧石器时代中期	本溪庙后山洞穴遗址的第7、8层、喀左鸽子洞遗址等	蛟河砖场、桦甸寿山仙人洞下文化层等	
旧石器时代晚期	本溪庙后山东洞遗址、营口金牛山遗址上层遗存、海城小孤山遗址、大连古龙山遗址建平人化石、凌源西八间房遗址等	榆树周家油坊、榆树大桥屯[4]、乾安青山头、乾安大布苏、长春红嘴子[5]、吉林西山、蛟河仙人桥洞、桦甸寿山仙人洞上文化层、安图石门山、抚松仙人洞、汪清新兴村洞穴地点、丹东前阳人遗址、大坎子、合发砖场、图们下白龙、岐新B、C地点、龙井后山、和龙柳洞、珲春北山、和龙石人沟、抚松新屯西山、抚松后崴子东台、辉南邵家店、安图立新、安图沙金沟、安图海沟金矿、和龙青头、和龙柳洞、和龙大洞、和龙西沟、国东大穴等	哈尔滨顾乡屯、哈尔滨黄（荒）山、哈尔滨阎家岗、昂昂溪大兴屯、讷河清和屯、讷河神泉、龙江景星、呼玛十八站、漠河老沟河[6]、五常学田[7]、龙江缸窑[8]、呼玛老卡[9]扎赉诺尔蘑菇山遗址、饶河小南山遗址、缸窑、海林炮台山、杨林南山、石河东山等

中国东北地区旧石器时代考古起步较早，1910年出版的《南满洲调查报告》是东北地区乃至全国考古学方面的第一本专著[10]，具有重要的学术意义。中华人民共和国成立初期，东北地区考古工作主要由我国学者独立承担，以田野调查发现和发掘工作为重点，以地层学、类型学和形态学为基本研究方法，对器物的分类和描述为其核心内容[11]。及至七八十年代，史前田野考古调查和发掘工作逐渐步入正轨，有许多令世人瞩目的重要发现，如鸽子洞遗址（1973）、金牛山遗址（1974）、庙后山遗址（1978）、小孤山仙人洞遗址（1981）、阎家岗遗址（1982）等。从20世纪90年代开始，多学科综合研究工作越来越广泛地应用在东北旧石器考古领域。这一时期，吉林省的调查和发掘工作开展得较多，尤以21世纪初开始在吉林省东部山区遗址中黑曜岩制品的多批大量发现而格外引人注

目。自2002年起，在吉林大学边疆考古研究中心的支持下，陈全家教授主持调查和发掘工作，先后在吉林延边珲春北山[12]、和龙石人沟[13]、和龙柳洞[14]、辉南邵家店[15]、抚松新屯西山[16]、延边安图立新[17]、和龙西沟、和龙青头、和龙大洞和安图沙金沟等遗址发现黑曜岩制品上万件，特别是在2007年大洞遗址的发掘中，不仅有大量的黑曜岩制品及残片，还发现了砾石原料，对溯源而上寻找原生矿源提供了重要线索。对这些遗址的文化性质进行类型学分析的同时，发掘者亦意识到，通过微量元素分析等方法对遗址内石制品所用黑曜岩的来源作进一步工作、以探究古人类的活动范围及路线、证明当时与邻近地区是否存在着文化交流是非常必要的[18]；《吉林省旧石器时代晚期细石叶工业技术分析》一文[19]进一步强调黑曜岩探源工作是今后需要努力的方向之一。

总之，东北地区旧石器时代考古起步较早，材料丰富，意义重大，但存在研究空间不平衡，涉及人类行为、社会组织等深层次的思考和研究工作明显滞后，陈全家教授亦指出：在对该区域内进行广泛的旧石器考古调查和发掘的同时，也要借助多学科的研究方法和手段对重要遗址进行深层次的研究，进而寻找新的突破点，最大限度地获取遗存所蕴藏的古人类行为信息。

第二节　旧石器时代晚期黑曜岩遗址概况

本书中的黑曜岩遗址指的是采集或出土黑曜岩制品的旧石器时代遗址。如前所述，经过半个多世纪几代学人的不懈努力，中国东北地区的旧石器时代考古事业取得了长足的进步，各个时期均有重要发现，特别是晚期遗址，不仅遍布多数江河流域，更以在吉林省东部黑曜岩遗址的集中发现而令世人瞩目，如和龙柳洞、珲春北山、和龙石人沟、石人沟林场[20]、抚松新屯西山、辉南邵家店、安图立新、安图沙金沟、安图海沟金矿[21]和龙青头以及黑龙江杨林南山[22]、海林炮台山[23]等遗址或地点。这些遗址以黑曜岩为主要石器原料，体现出细石器和细石叶的技术特征。这些发现不仅为我们全面认识东北地区旧石器时代的文化面貌、石器制作技术以及古人类、古环境和适应生存方式等诸多问题奠定了基础，而且也为进一步探讨中国东北地区与周邻地区旧石器文化的关系提供了丰富而重要的科学资料[24]。

自2002年始，吉林省东部山区发现的旧石器晚期黑曜岩遗址主要集中在图们江中下游及其支流沿岸，少数黑龙江省发现黑曜岩的遗址位于牡丹江海浪河流域（见图2-2；表2-2）。

图2-2　主要黑曜岩遗址位置示意图

（☆长白山天池；△和龙大洞；◇和龙金子沟；○抚松东台；⬠和龙西沟；□黑龙江海浪河流域；◺辉南邵家店）

表2-2　中国东北地区旧石器晚期主要黑曜岩遗址概况

序号	遗址名称	地理坐标	发现时间（年）	地貌部位	试掘面积	石制品	
						采集	地层
1	和龙石人沟	42°11′20″N 128°48′45″E	2004	山坡台地	52	24	1307
2	和龙西沟	42°34′46.31″N 128°58′13.85″E	2006	Ⅳ级阶地		102	
3	和龙柳洞	42°19′11″N 129°6′23″E	2002	Ⅱ级阶地	—	227	4
4	珲春北山	49°8′3″N 130°15′8″E	2002	Ⅱ级阶地	—	51	1
5	辉南邵家店	42°27′5″N 126°15′30″E	2003	Ⅱ级阶地	—	57	0
6	抚松新屯西山	42°33'N 127°16'11″E	2002	山间盆地	70	0	30
7	安图立新	42°41′37.6″N 128°11′15.3″E	2006	Ⅳ级阶地	4	65	6
8	安图沙金沟	42°36′5.4″N 128°16′2.9″E	2006	Ⅲ级阶地	2	77	5

续表

序号	遗址名称	地理坐标	发现时间（年）	地貌部位	试掘面积	石制品	
						采集	地层
9	和龙青头	42°48′51.9″N 128°58′20.7″E	2006	Ⅱ级阶地	—	197	19
10	安图海沟金矿地点	42°40′58″N 128°7′48.4E	2006	Ⅲ级阶地	—	9	无
11	两江镇石人沟地点	42°41′13.6″N 128°2′52.7″E	2006	Ⅲ级阶地	—	无	28
12	和龙大洞	42°5′37.9″N 128°57′30.2″E	2007 2010	Ⅲ级阶地	49 50	5752	4389
13	国东大穴	41°13′48.4″N 126°18′18.4″E					
14	和龙林场		2007	Ⅱ级阶地	69	30	86
15	抚松东台	42°22′7.65″N 127°16′42.5″E					
16	和龙金子沟	40°4′17″N 128°54′31.6″E					
17	桦甸仙人洞	43°09′N 126°37′E	1991		17		244
18	黑龙江杨林南山	44°22′41.2″N 129°5′43.3″E					
19	黑龙江炮台山	44°30′14.3″N 129°15′25.6″E					

在这些遗址里，最大的问题是鲜见伴出的骨骼遗骸及碳样，能够进行精确测年的系列样品较少，遗址的断代主要通过第四纪地质地貌、石器制造技术特征、同出遗物观察等，或利用与其他地区和国家的相应测年结果进行对比。可供参考的年代数据有大洞遗址文化层中^{14}C测年数据为距今2.1万年；呼玛十八站遗址光释光法年代测定为距今2.5 万～1.0万年左右；周边国家和地区相关遗址年代为下川年代数据集中于距今2.4万～1.6万年，垂阳介遗址年代数据距今1.8万年，乌斯季诺夫卡遗址群的主体年代为2.0万～1.8万年，日本北海道白滝遗迹群在1.4万～1.0万年，以上这些遗址年代基本在2.4万～1.0万年之间，都属于旧石器时代晚期[25]。

第三节　黑曜岩的考古学意义[26]

由于黑曜岩具有异于普通石料的特殊性及在考古学研究中的重要作用，在西方已形成较为系统的黑曜岩考古研究体系，有专门的理论和方法学著作，如《黑曜岩考古研究——方法与理论》[27]，考虑到当前国内学术界对此较为生疏，我们梳理了黑曜岩考古相关内容，围绕产源研究进行择要介绍。

一、黑曜岩的基本性质

黑曜岩是在火山喷发过程中由黏性较大的酸性熔岩迅速冷凝形成的火山玻璃。因此，黑曜岩的产生需要三个基本条件：火山喷发、酸性熔岩、迅速冷凝。

在地质学中，根据SiO_2相对含量多少，将岩浆和岩石分为酸性（SiO_2 > 65%）、中性（SiO_2，52%～65%）、基性（SiO_2，45%～52%）和超基性（SiO_2 < 45%）。越是酸性的岩浆，黏性越大温度越低，不易流动，因而凝固越快，在迅速冷凝的条件下越容易形成非晶质的玻璃态，因此，火山玻璃多以酸性岩为主。又由于酸性岩浆的火山多爆裂式喷发，而在剧烈的火山喷发过程岩浆混合充分，使得形成的黑曜岩质地通常比较均匀。

黑曜岩具有明显的地域指征性，因为不同时期不同地域的火山喷发形成的黑曜岩具有不同的地球化学特征，这就是能够利用黑曜岩进行产源判断的最主要的理论依据。

与主要组成为SiO_2的燧石不同（见表2-3），黑曜岩的化学成分与流纹岩相似，SiO_2含量通常为70%～75%，Al_2O_3含量为10%～15%、（$FeO+Fe_2O_3$）含量为1%～5%、Na_2O为3%～5%、K_2O为2%～5%。以上为主量元素。含量在0.1%以下的为微量元素。一般情况下，微量元素对判源起决定作用，“微量元素组成曾成功地示踪古代大理石和黑曜石等石制品……的原料产地，因为石制品……的加工制造过程仅改变了原材料的物理性质和晶相结构，而原材料的化学组成并没有发生显著地变化，作为原材料产地指纹的微量元素组成依然被保留”[28]。对于黑曜岩而言，起比较显著的矿源指征作用的微量元素有Ba、Rb、Sr、Zr、Y、Nb等，我们称其为矿源的“特征元素组合”，通常由一系列特征元素来指征一个源，而不同源的特征元素组合并不一定相同。

利用黑曜岩是火山喷发过程中产生的含铀的玻璃质物质，可以对它进行裂变径迹法测年。测年结果代表黑曜岩形成或最后一次受热事件以来的年龄[29]。

目前，这种方法也被用来判断遗址中黑曜岩制品的矿料来源，但对于那些产生于同时期矿源的区别判断就显得力不从心。此外，也可以利用质谱仪通过锶同位素探寻黑曜石的产地，其主要的理论依据为锶、铅、钕是三种其同位素组成在自然界有显著地区和矿源涨落的中等重量以上的元素，不同地区可能具有不同的锶同位素组成[30]。而锶同位素结合铷、锶的浓度研究似乎更为有效，但相比常规分析也更为昂贵费时[31]。

表2-3　LA-ICP-AES检测黑曜岩与燧石化学组成（%）

成分	硅质石叶	燧石	黑曜岩（和龙西山1）
Na_2O	0.00	0.00	3.42
MgO	0.18	0.17	0.06
Al_2O_3	1.92	1.88	10.94
SiO_2	95.83	96.09	69.93
K_2O	0.21	0.14	4.26
CaO	1.15	1.16	0.26
TiO_2	0.03	0.02	0.10
MnO_2	0.04	0.04	0.03
Fe_2O_3	0.35	0.18	1.42
CoO	0,00	0.00	0.00
CuO	0.00	0.00	0.00
ZnO	0.00	0.00	0.00
SrO	0.00	0.00	0.00
BaO	0.00	0.01	0.01
Ni	0.02	0.02	0.00
V	0.25	0.25	0.00
Ce	0.02	0.03	0.00
Nd	0.00	0.00	—

在火山玻璃构成的基质中，常含有少量石英、长石等矿物的微晶、斑晶及骸晶。在偏光镜下，黑曜岩表现为光性均质体，但又略显明暗变化，主要由基质中的微晶造成，微晶有球状、棒状等形态。在显微镜下，可观察到“雏晶”包体、似针状包体。其晶系和结晶习性为非晶质体，也就是说，它内部结构质点分布作不规则排列，因此不具有晶体的自限性、各向异性、对称性、最小内能和稳定性等基本性质。

黑曜岩具有玻璃光泽，其颜色有黑色、褐色、灰色、黄色、绿褐色、红色等，黑色不透明，其他颜色色调浅的透明度较好，色调深的透明度较差。颜色有时并不均匀，常带有白色或其他杂色的斑块和条带，是一种含斜长石聚斑状的黑曜岩，主要矿物为隐晶及玻璃质，斑晶由白色斜长石组成，有少量钾长石[32, 33]。古人加工黑曜岩作工具通常选用质地匀净的优质石料，以黑色不透明居多。

黑曜岩通常无紫外荧光，无特征吸收光谱。它的莫氏硬度接近5，无解理，断口多呈贝壳状，刃缘锋利，适合软锤打击和压制修理，是剥取石叶、细石叶和修理两面器的理想材料。

黑曜岩的密度G=2.33～2.46g/cm^3，折射率N=1.48～1.52，多为1.49。一般情况下，其折射率在N=1.480～1.510，密度G=2.13～2.42g/cm^{3}之间变化，随着地域的不同而表现出细微的差别，如表2-4所示：

表2-4　不同地区黑曜岩密度和折射率

地区	密度G（单位g/cm^3）	折射率N
美国黄石公园	2.353	1.482
智利复活节岛	2.400	1.490
格陵岛	2.412	1.494
墨西哥	2.394	1.489
哥伦比亚	2.352	1.483
尼圭多	2.336	1.484
意大利伦巴第岛	2.363	1.490

黑曜岩矿物表面可以机械吸附水分子，其含量不固定，因温度和湿度不同而不同。作为非晶质物质，其水胶凝体中的胶体水被微弱的联结力固着在表面，胶体水是矿物的固有特征，是黑曜岩表面水合层形成的原因。

在矿料产源研究中，也有对不同产地黑曜岩的物理性质进行分类的研究工作，在某些特定地区取得了一定成果，如在地中海撒丁岛，对各个矿源通过颜色、透明度以及微晶等区分，结合化学成分进行产源判断[34]，但总的来说，这种方法不具有普适性，发展前景并不乐观。

纵观历史，人类对黑曜岩的使用不外乎两种：①利用它具有乌黑光亮的玻璃光泽制作精美的装饰品（首饰、垂饰等）、日用品（石瓶、镜子等）及祭祀用的礼器和随葬明器；②利用它具有锋利的边刃制作锋刃工具和武器等。以后一种使用更为普遍。如打制石器中的刮削器、雕刻器、石片以及可供打猎的投矛器、鱼叉和由多片石叶复合而成的石镰等。在秘鲁帕拉卡斯前印加文明遗址中，有成套的黑曜石手术刀，与之相联系的是一种分布于美洲、非洲、中东、太平洋新赫布里底群岛的对颅骨施行环锯术从而改变头形的特殊习俗。

黑曜岩的产地与世界火山带的分布密切相关。在我国东北地区有火山群32处，主要分布在东部的老爷岭—长白山地区、北部的小兴安岭地区和西部的大兴安岭地区[35]。据目前掌握的资料，长白山区有一定数量的黑曜岩，如长白山天文峰[36]、天池北黑风口[37]、气象站小山包[38]等。黑龙江省中南部的松花江地区通河县浓河镇、内蒙古自治区东部的扎鲁特旗、冀北地区晚燕山期火山张家口组[39]、沽源县、广西梧州岑溪市吉太乡、广东省东北部的和平县、福州等地亦有黑曜岩矿分布。

二、黑曜岩的考古学意义

黑曜岩的产生只与火山喷发有关，但并不是所有的火山喷发都能够产生黑曜岩，也就是说，并不是所有的火山岩浆都能形成火山玻璃，它需要有充足的硅质经快速冷凝才能形成。由于第三纪以前的黑曜岩多已脱玻化，所以与人类活动有关的矿源非常有限；而黑曜岩一经产生，就不会随时间及环境的变化而发生大的改变，在一般情况下，火山剧烈的活动会使岩浆充分混合，因此某一特定矿源的化学组成通常是均匀的，具有相近的地球化学特征，不同的矿源可以通过特征元素组合加以区分。

黑曜岩制品在多数史前人类的物质文化生活中起着重要的作用，其分布范围常常远离原生矿源几百乃至几千千米。因此，通过对黑曜岩制品与其原产地关系的判断可以勾画出史前人类交流迁徙的路线；在矿源附近大量废弃的黑曜岩碎屑，有助于确定史前采石场的位置，并进一步估计当时开采原材料的数量；通过对遗留的工具和小件的调查可以了解使用、保存和废弃情况，以及特定时间特定人群的活动范围。

黑曜岩质轻易碎，因此具有较高的置换率，这一点与陶器相似。因此，通过检查遗址中黑曜岩的数量和消费的频率，可以提供史前社会经济生活状况的相关信息。同时，黑曜岩制品上遗留下来的使用加工痕迹可以用来判断当时人的生产技术、技艺水平和工具功用。

黑曜岩颗粒表面吸附水分子形成水合层，其厚度随时间增加，通过薄层显微观察，可以确定工具制造（计时零点）的年代，进而考察考古遗址的年代及遗址中石器制作的先后顺序，当然，考虑到史前优质石料工具大量二次利用现象以及不同遗址水合率不同等问题，这种方法的应用有一定的局限性。

黑曜岩作为一种特殊的石材在考古学上的研究课题非常广泛，总结起来主要在以下四个方面——石器制作技术、微痕研究、年代学及产源研究等领域发挥特殊的作用，特别是在判断石料的产源方面，半个多世纪丰硕的研究成果已经证明其具有不可替代的优越性，这是因为，古人利用资源的方式主要有两种：①就近取材；②通过交换或长途跋涉获得远方的优质原料。针对第二种情况的产源研究在一定程度上可以揭示古人类的活动范围、移动路径、利用和开发资源的情况以及文化交流网络。当然，并不是所有的黑曜岩矿都能够被古人发现和利用，即使对于远古人类能够到达的黑曜岩矿，还存在一个有针对性的选择问题。事实上，通过对周口店第一地点利用的石器原料情况的考察，可以看出至少在旧石器时代早期的中晚期，就存在舍近求远选择优质原料的现象[40]，在黑曜岩原料的选择上，也普遍存在这种情况。

要做好产源研究工作，从理论上讲，首先需要有详尽的矿源分布调查，总结各个矿源的地球化学特征规律，然后与遗址中的石器进行对照分析，厘清关系。《黑曜岩产源研究的国内外研究现状及发展趋势综述》一文指出：目前国内外黑曜岩矿料产源的研究具有多学科综合研究的特点，应用各种现代科技方法（XRF、PIXE、INAA、LA-ICP-AES、ICP-MS、FT、K-Ar法测年等）进行地球化学矿料产源研究，从而进一步揭示人类行为变化的趋势和原因，并向矿源的全面调查和揭露、全样品数据库建设、提高方法精确度、数据的科学处理和解读以及多种方法联合的方向发展[41]。

注　释

[1] 郭大顺：《论东北文化区及其前沿》，《文物》1999年第8期，第57～61页；《东北文化区的提出及意义》，《边疆考古研究》（第1辑），科学出版社，2002年，第170～180页。

[2] 姜鹏：《吉林旧石器时代晚期人类生活环境的探讨》，《东北考古与历史》（1），文物出版社，1982年，第72页。

[3] 李文漪：《中国第四纪植被与环境》，科学出版社，1998年，第78页。

[4] 姜鹏：《吉林榆树大桥屯发现的旧石器》，《人类学学报》1990年第9卷第1期，第8～15页。

[5] 程新民、陈全家：《长春郊区红嘴子发现哺乳动物化石和旧石器》，《长春地质学院学报》1993年第23卷第2期，第160～164页。

[6] 杨大山：《漠河出土的打制石器》，《北方文物》1982年第1期，第1～4页。

[7] 于汇历：《黑龙江五常学田旧石器文化遗址的初步研究》，《人类学学报》1988年第7卷第3期，第254～262页。

[8] 于汇历、邹向前：《黑龙江省龙江县缸窑地点的细石器遗存》，《北方文物》1992年第3期，第8～15页。

[9] 黑龙江省文物考古研究所：《黑龙江省呼玛老卡遗址调查简报》，《北方文物》

1996年第2期，第19～22页。

［10］ 陈星灿：《中国史前考古学史研究》，社会科学文献出版社，2007年，第36页。

［11］ 高星：《中国旧石器时代考古学的昨天、今天与明天》，《中国科学院古脊椎动物与古人类研究所20世纪旧石器时代考古学研究》，文物出版社，2002年，第5页。

［12］ 陈全家、张乐：《吉林延边珲春北山发现的旧石器》，《人类学学报》2004年第23卷第2期，第138～145页。

［13］ 陈全家、王春雪、方启：《延边地区和龙石人沟发现的旧石器》，《人类学学报》2006年第25卷第2期，第106～114页。

［14］ 陈全家、王春雪、方启：《吉林和龙柳洞2004年发现的旧石器》，《人类学学报》2006年第25卷第3期，第208～219页。

［15］ 陈全家、李有骞、赵海龙：《吉林辉南邵家店发现的旧石器》，《北方文物》2006年第1期，第1～7页。

［16］ 陈全家、赵海龙等：《抚松新屯子西山旧石器遗址试掘报告》，《人类学学报》2009年第28卷第2期，第147～153页。

［17］ 陈全家等：《延边安图立新发现的砾石石器》，《人类学学报》2008年第27卷第1期，第45～50页。

［18］ 陈全家等：《延边和龙石人沟旧石器遗址2005年试掘报告》，《人类学学报》2010年第29卷第2期，第105～114页。

［19］ 王春雪、赵海龙、陈全家：《吉林省旧石器时代晚期细石叶工业技术分析》，《边疆考古研究》（第8辑），科学出版社，2009年，第1～13页。

［20］ 陈全家等：《石人沟林场旧石器地点试掘报告》，《人类学学报》2010年第29卷第4期，第373～382页。

［21］ 陈全家等：《吉林两江镇旧石器地点发现的石器研究》，《草原文物》2011年第2期，第1～14页。

［22］ 田禾、陈全家等：《黑龙江省海林市杨林南山旧石器遗址石器研究》，《北方文物》2010年第3期，第3～12页。

［23］ 陈全家等：《海林炮台山旧石器遗址发现的石器研究》，《边疆考古研究》（第9辑），科学出版社，2010年，第9页。

［24］ 陈全家、王春雪：《东北地区近几年旧石器考古的新发现与研究》，《考古学研究》（七），科学出版社，2008年。

［25］ 赵海龙：《黑曜石两面尖状器实验研究及废片分析——以和龙大洞遗址为案例》，吉林大学博士学位论文，2012年。

［26］ 刘爽、吴小红、陈全家：《黑曜岩的考古学研究概述》，《边疆考古研究》（第8辑），科学出版社，2009年，第301～308页。

［27］ Shackley, M. S. *Archaeological Obsidian Studies Method and Theory*. Plenum Press, 1998.

[28] 陈铁梅：《科技考古学》，北京大学出版社，2008年，第138页。
[29] 同 [28]，第35页。
[30] 同 [28]，第222页。
[31] 同 [27]。
[32] 崔文元、吴国忠：《珠宝玉石学GAC教程》，地质出版社，2006年，第458～459页。
[33] 张蓓莉：《系统宝石学》，地质出版社，1997年，第422～424页。
[34] 同 [27]。
[35] 张虎男：《火山》，地震出版社，1986年，第140～141页。
[36] 刘嘉麒：《中国火山》，科学出版社，1999年，第81页。
[37] 同 [36]，第72页。
[38] 刘若新等：《长白山天池火山近代喷发》，科学出版社，1998年，第12页。
[39] 鲍亦冈、白志民、葛世炜等：《北京燕山期火山地质及火山岩》，地质出版社，1995年，第46页。
[40] 张森水：《中国旧石器工业中的砸击技术》，《"迎接二十一世纪的中国考古学"国际学术讨论会论文集》，科学出版社，1998年，第51～74页。
[41] 刘爽、吴小红、陈全家：《黑曜岩产源研究的国内外研究现状及发展趋势综述》，《边疆考古研究》（第7辑），科学出版社，2008年。

第三章　研究方法可行性分析

科技考古的典型特征就是应用现代先进技术手段对人类遗迹遗物进行检测，因此，使用仪器和方法的合理可行性直接决定数据的可靠性，进而影响主要依据数据分析得出的结论。各种仪器方法都有各自的优缺点，用多种手段联用互相验证取长补短已经成为当前国际上科技考古的主流，黑曜岩的产源研究亦不例外。本书所应用的仪器设备全部隶属于北京大学考古文博学院科技考古实验室。下面就本书中采用的研究方法和技术路线进行详细说明，并从多种角度论证其可行性。

第一节　研究思路和技术路线

一、研究思路

（1）选取潜在矿源与遗址中有代表性的黑曜岩样品，应用激光烧蚀电感耦合等离子体发射光谱（简称LA-ICP-AES，下同）等方法对黑曜岩矿料和遗址黑曜岩制品主微量元素进行测定，建立数据精确的部分黑曜岩样品数据库。

（2）使用便携式X荧光光谱仪（简称p-XRF，下同）扩大测量样品数量，对于LA-ICP-AES力不能及的异地、大量以及体型较大的完整器等进行无损测定，建立大样品数据库；应用固定型ED-XRF对部分样品分析结果进行验证。

（3）选择可靠的判源特征元素组合，总结各遗址黑曜岩制品化学元素特征规律，应用社会统计学分析软件，采用多元统计主成分分析等手段对不同地区黑曜岩样品数据进行对比分析，结合考古背景、样品性状等多方面信息综合考察，判断遗址中黑曜岩制品原料的可能来源，并作相关研究。

二、技术路线

（1）选择国际上通用的三个玻璃标样NIST610、corningB、corningD[1]

对LA-ICP-AES仪器进行标定。同时，选择一件有代表性的黑曜岩样品（sample-1）作为质量控制样品，在每测定一个遗址前后或者每测定一定数量样品时都对该质控样品进行重复测定，包括在使用不同方法时（如p-XRF）都应用这件样品作质量控制，对不同时间、不同条件以及不同仪器测试的数据进行比较，确保仪器的稳定性、数据的可靠性和可比性。

（2）选取遗址中有代表性的黑曜岩制品进行LA-ICP-AES检测，建立准确的主微量元素数据库。在可能的条件下收集不同地层、不同发掘区域、不同性状（石核、石片、碎屑、断块、外观、颜色等）的样品，考察其化学特征是否存在差异，并借助显微镜等仪器进行观察比较，确定埋藏环境和时间以及性状与化学特征的可能联系，为总结中国东北地区黑曜岩的化学特征以及获取可靠的数据奠定基础，进而归纳先民对石料资源的利用方式和特点。

（3）对长期风化形成的风化层（粗厚的石皮）与非风化层部位应用LA-ICP-AES和p-XRF分别测定，考察埋藏环境对黑曜岩表层化学元素的影响，确定正确的取点检测位置和不易受环境影响的判源特征元素。

（4）参照前期和地质上元素地球化学研究成果，主要选择地域特征明显的微量元素Ba、Mn、Ti、Rb、Sr、Zr、Y、Ce、Th作为判断产源特征元素，确定适合中国黑曜岩制品判源的特征元素组合，总结各遗址黑曜岩制品特征元素规律。

（5）根据统计学上的抽样原则，在中国东北地区各遗址随机选取一定数量的样品与其他地区和国家的样品以及潜在矿源的样品统一进行主成分分析。具体采用社会统计学软件SPSS18.0对数据作主成分分析（principle component analysis，PCA），并使用主要判源元素（Ba-Mn、Ti-Zr、Rb-Sr 等）做二维散点图，寻找特征规律；应用元素对比值法（Zr/Sr-Rb/Sr、Ti/Mn-Rb/Zr、Ba/Ce-Y/Zr等）减少不同实验方法间的系统误差，与地质上该地区地球化学特征和国际上已发表的数据进行对比研究。

（6）对长白山不同区域、九台、朝鲜、日本、美国、土耳其的样品与中国东北地区黑曜岩样品从性状、考古学背景、化学特征、地面调查等角度进行全面综合比较，确定中国东北地区黑曜岩地球化学特征，判断其产地以及遗址中黑曜岩制品的原料来源。

第二节　LA-ICP-AES和p-XRF等联用进行判源研究可行性分析

一、仪器和方法介绍

1. 激光烧蚀电感耦合等离子体发射光谱仪（LA-ICP-AES）

本书采用北京大学考古文博学院科技考古实验室激光烧蚀电感耦合等离子体发射光谱法（laser ablation inductively coupled plasma atomic spectrometry，简称LA-ICP-AES）对黑曜岩样品的主量、次量和微量元素含量进行测定。电感耦合等离子体发射光谱（ICP-AES）仪器型号为美国LEEMAN公司的PRODIGY型全谱直读ICP-AES，激光器为美国NEW-WAVE公司的UP-266MARCO型激光剥蚀系统。具体实验条件如下[2]：

高频发生器频率：40.82MHz

高频发生器功率：1.1 kW

氩气流量

冷却气：20 l/min

辅助气压力：0

雾化器压力：30 psig（英制单位，约合0.21MPa）

激光剥蚀系统: UP-266 Marco型（美国New-Wave公司）

激光器类型：Nd-YAG

激光模式：Q-switched

激光波长：266nm

能量输出：13 ± 1mJ

剥蚀直径：515 μ m

氦气流量：1000ml/min

LA-ICP-AES是目前较为先进的对无机质地文物化学成分进行微损或近无损分析的仪器设备，可以分析除氧、氮、碳、氢和惰性气体以外元素周期表中从Li至U的所有元素[3]。电感耦合等离子体发射光谱（ICP-AES）属于原子发射光谱分析，其基本工作原理是以电感耦合等离子体为光源，通过高频感应产生高达10000K的高温，从而激发样品中不同元素的原子或离子产生电子跃迁发光，通过观察元素特征谱线的波长和强度来分析原子或离子的种类及浓度。传统的ICP-

AES需要用耗时费力的酸溶法进行样品制备，对文物具有一定的破坏性，但准确度较高。LA-ICP-AES为激光器同电感耦合等离子体发射光谱（ICP-AES）联用，用激光剥蚀系统代替传统酸溶法样品制备，可以有效地简化实验步骤，缩短实验周期，降低实验成本，提高工作效率并达到对样品的近无损定量分析。

该设备具有以下优点[4]：

检出限低：一般元素检出限可达0.1ppm；

精密度好：当离子浓度高于检出限100倍时，测量相对标准偏差可达0.1%～1%；

基体效应低：受到分析物基体干扰较其他分析方法少，比较容易建立分析方法；

多元素同时测定：可以同时测定产源分析中常用的所有主量和次量元素以及大部分痕量元素的种类和含量。

根据黑曜岩火山玻璃的性质，在分析时采用单标样元素归一校正方法来进行定量分析，这种分析方法对主量、次量元素以及大部分微量元素可做较为精确的定量检测。为了排除杂质干扰，先用激光剥蚀掉外表面，然后开始记录，共读取三次，取平均值。

该仪器设备的缺点是价格昂贵，体量巨大，不能进行异地或考古现场检测分析，由于样品匣空间局限，只能检测小件文物或残片碎屑，亦需要专业人员管理和维护。

正是由于该仪器具有这些缺陷，我们选择XGT-7000能量色散X射线荧光光谱显微镜对部分样品作精确取点的无损检测，用便携式X荧光光谱仪（p-XRF）对大量保存在发掘单位的样品以及珍贵精美的完整器进行异地无损检测，使更精细的研究和建立黑曜岩制品全样品数据库成为可能。

2. 便携式X射线荧光光谱仪（p-XRF）

本实验使用的北京大学考古文博学院科技考古实验室的便携式X荧光光谱仪是美国尼通NITON公司生产的XL3t 手持式（便携式）X射线荧光分析仪，该仪器采用50kV、2-watt微型X射线管，结合多重过滤片技术和高性能半导体制冷检测器，可快速完成对分析数据的计算处理、存储等功能，通过选择不同的分析模式对各种类型的环境进行现场分析，具有无损、高效、快速、便携等特征，是目前国际上最先进的可以直接在博物馆、实验室以及考古发掘现场进行金属、陶瓷、壁画、玻璃等文物中的金属元素含量检测和分析的仪器之一。

该仪器的特点是精密度较高，即同一样品测量数据重复性较好。由于仪器本身的限制，它不能测定Si以前的主量元素，但对于我们在产源研究中关注的主要微量判源元素可以进行快速检测，数据对大批量样品的统计分组结果无不良影响。由于考古发现的黑曜岩制品属于珍贵文物，既不允许破坏，也不能够随意做异地搬运测试，因此建立黑曜岩化学成分全样品数据库的工作首先要求分析仪器无损于文物的完整性，其次要操作简单方便携带，而便携式X荧光有效地满足这两点，使建立东北旧石器晚期遗址发现的大量黑曜岩制品化学成分数据库成为可能，在此基础上归纳各个遗址黑曜岩化学成分特征，总结规律进行分类，将各个遗址中特征相似的黑曜岩制品划归一组，进而推断特定远古时期人们对石料资源的选择利用情况，为探索遗址中黑曜岩制品的原料来源奠定基础。

本实验选择标准土壤模式，对黑曜岩中Fe、Ca、K、Mn、Ti、Zr、Sr、Rb、Zn、Th等元素进行测定，每次检测时间为60秒。尽量选择干净平整均匀的表面，特殊样品重复测定。

为了监控仪器的稳定性，选择日本白滝遗址样品sample-1作质量控制样品，每隔一定数量（5、8、10等）样品以及每次测定一个新遗址前后都对该样品进行测试。

3. XGT-7000能量色散X射线荧光光谱显微镜（固定型ED-XRF）

本书还选择北京大学考古文博学院科技考古实验室的日本Horba（堀场）公司生产的XGT-7000能量色散X射线荧光光谱显微镜对部分特殊样品（中原疑似黑曜岩雕刻器等）进行无损精确取点定量分析。

分析条件：X光管电压，30kV（千伏）

管电流，1mA（毫安）

采谱时间，150s（秒）

每次分析采谱2～3次，取平均值。

该设备优点在于可以无损检测，方便快速，准确度精密度较好；能够定点测定；一次可以测量多个主微量元素，在书文中作辅助补充验证手段。

4. 分析方法

总的来说，为了获取精确可靠的数据，本书所采用的分析方法就是多种方法联用互相验证多种角度综合考察，在此基础上得出相对审慎的结论。下面对应用的主要方法和数据处理方式进行介绍。

（1）主成分分析法。

对于实验获取的大量数据，我们主要使用社会统计学软件SPSS18.0进行主成分分析（principle component analysis，简称PCA）、相关性分析、散点图分析等，通过选择前期工作确定的判源元素作为变量，从各种方式和角度分别对不同仪器测试数据的整合、方法的可行性、各遗址之间、石器与潜在矿源样品、中国东北地区与其他国家的样品等等进行比较分析。

主成分分析是研究如何将多变量问题转化为较少的综合变量的多元统计方法，通过线性变换，将高维空间的问题转化到低维空间处理，使问题变得简单、直观，而且这些较少的综合变量之间互不相关，又能提供原有变量的绝大部分信息。如今，类似的分析方法已经被大量应用于古代文物特别是古陶瓷、古玻璃器化学组成的数据处理分析当中[5]。为了研究各种情境下的黑曜岩在化学组成上的差别，我们使用第一和第二主成分作散点图，X和Y轴分别表示主成分1（factor1）和2（factor2），代表将所有元素进行线性变换后得到的新的综合变量1和2，这两个变量反映了对所有元素组成进行统计分析的结果，可清楚地体现出不同来源的黑曜岩之间化学元素组成的差别。在本书中，主要选择判源特征元素作变量及第一主成分和第二主成分相加和大于65%的元素组合，使其中不同元素在这两个变量中可以代表所有变量综合信息的65%以上。

（2）数据处理。

使用Excel表格整理分析数据，查出异常值，分析导致异常的原因，排除非黑曜岩样品。重复测量的样品取平均值。

数据归一化处理。主次量元素（大于0.1%）为百分比浓度，小数点后取2位有效数字，微量元素（≤0.1%）为ppm值，取整数。

考虑不同实验方法给出数据的形式：是单质还是氧化物的含量，在具体应用比较分析时进行统一换算。

二、仪器稳定性和数据可靠性研究

为了考察仪器稳定性和数据可靠性，我们拟定以下方案分别从不同的角度进行实验研究。

以下是具体的实验分析过程。

1. 同一样品在同次实验中不同时间重复测量

我们选择日本白滝遗址样品sample-1作质量控制样品（简称“质控”），它质地匀净，黝黑光亮，体型适中。在p-XRF检测中，每隔一定数量（5、8、10等）样品以及每测定一个新遗址前后都对该样品进行测试，共得到28个测试数据。测试结果见表3-1。

表3-1　质量控制样品Zr、Rb、Sr（ppm）等p-XRF测试数据

谱号	样品	Zr	Sr	Rb	Zn	Mn	Ti	Th	Fe（%）	Ca（%）	K（%）
492	质控-1	89	32	162	39	282	237	15	0.58	0.55	3.42
501	质控-2	88	31	157	43	277	261	16	0.57	0.64	3.17
511	质控-3	84	31	156	38	277	168	13	0.53	0.32	2.86
520	质控-4	87	31	165	42	299	303	14	0.58	0.54	3.46
527	质控-5	82	32	158	38	267	202	13	0.56	0.29	3.32
534	质控-6	88	33	162	41	282	334	12	0.58	0.57	3.38
539	质控-7	81	32	155	33	285	226	12	0.53	0.48	3.15
548	质控-8	83	31	156	45	256	157	14	0.54	0.23	2.87
559	质控-9	82	30	157	40	238	287	14	0.54	0.69	3.24
566	质控-10	81	33	157	37	248	259	14	0.56	0.63	3.19
573	质控-11	83	30	154	39	257	271	12	0.54	0.65	3.21
588	质控-12	82	30	151	44	254	165	12	0.53	0.29	3.13
603	质控-13	84	30	156	37	277	196	13	0.54	0.28	3.18
628	质控-14	86	31	158	38	264	193	14	0.56	0.44	3.43
641	质控-15	83	30	150	39	258	232	15	0.54	0.48	3.31
671	质控-16	82	30	154	32	281	255	12	0.53	0.55	3.22
735	质控-17	85	29	158	37	244	209	15	0.56	0.43	3.11
786	质控-18	84	31	162	36	263	183	14	0.54	0.25	3.13
922	质控-19	83	31	154	35	266	211	14	0.53	0.55	3.24
945	质控-20	87	32	174	51	311	171	16	0.65	0.58	2.24
968	质控-21	87	30	155	39	266	152	15	0.55	0.22	2.55
1043	质控-22	87	31	163	40	257	226	11	0.56	0.64	3.32
1065	质控-23	81	31	157	33	271	149	15	0.55	0.28	2.68
1092	质控-24	90	35	166	40	291	228	18	0.60	0.78	3.24
1279	质控-25	87	34	173	38	306	204	14	0.61	0.28	3.54
1292	质控-26	89	32	165	39	280	175	15	0.58	0.26	3.01
1342	质控-27	87	33	164	37	290	236	16	0.60	0.76	3.23
1453	质控-28	90	33	167	44	280	221	16	0.60	0.45	3.14

对质控样品的测试数据进行分析，找出最大值、最小值，计算平均值和标准偏差（见表3-3）；重点考察地域指征明显且在p-XRF检测中ppm值不受表面形状影响的重金属微量元素Rb、Sr、Zr和Zr/Sr、Rb/Sr值（见表3-2）以及Zr/Sr、

Rb/Sr最大值、最小值、平均值、标准偏差及变异系数（见表3-4）。可以看出，质控样品Rb、Sr、Zr等元素的标准偏差都较小，Rb、Sr、Zr元素对的比值Zr/Sr、Rb/Sr标准偏差分别为0.11、0.16，变异系数分别为4.04%、3.14%，说明同一件样品不同时间的测量中这些元素的数据重复性较好，离散程度很小，仪器具有较好的精密度，比较稳定。

表3-2 质量控制样品Zr、Rb、Sr（ppm）p-XRF测试数据及Zr/Sr、Rb/Sr值

谱号	质控样品-次数	Zr	Rb	Sr	Zr/Sr	Rb/Sr
492	质量控制-1	89	162	32	2.79	5.05
501	质量控制-2	88	157	31	2.88	5.14
511	质量控制-3	84	156	31	2.75	5.10
520	质量控制-4	87	165	31	2.79	5.26
527	质量控制-5	82	158	32	2.60	5.01
534	质量控制-6	88	162	33	2.64	4.84
539	质量控制-7	81	155	32	2.58	4.90
548	质量控制-8	83	156	31	2.69	5.07
559	质量控制-9	82	157	30	2.70	5.16
566	质量控制-10	81	157	33	2.45	4.76
573	质量控制-11	83	154	30	2.74	5.10
588	质量控制-12	82	151	30	2.72	4.97
603	质量控制-13	84	156	30	2.85	5.27
628	质量控制-14	86	158	31	2.74	5.03
641	质量控制-15	83	150	30	2.76	4.99
671	质量控制-16	82	154	30	2.77	5.18
735	质量控制-17	85	158	29	2.93	5.43
786	质量控制-18	84	162	31	2.75	5.27
922	质量控制-19	83	154	31	2.71	5.02
945	质量控制-20	87	174	32	2.69	5.37
968	质量控制-21	87	155	30	2.87	5.11
1043	质量控制-22	87	163	31	2.75	5.18
1065	质量控制-23	81	157	31	2.64	5.11
1092	质量控制-24	90	166	35	2.59	4.78
1279	质量控制-25	87	173	34	2.55	5.11
1292	质量控制-26	89	165	32	2.80	5.21

续表

谱号	质控样品-次数	Zr	Rb	Sr	Zr/Sr	Rb/Sr
1342	质量控制-27	87	164	33	2.63	4.97
1453	质量控制-28	90	167	33	2.73	5.09

表3-3　质量控制样品主要元素最大值、最小值、平均值及标准偏差

	Zr	Sr	Rb	Zn	Mn	Ti	Th	Fe%	Ca%	K%
最大值	90	35	174	51	311	334	18	0.65	0.78	3.54
最小值	81	29	150	32	238	149	11	0.53	0.22	2.24
平均值	85.15	31.37	159.52	39.00	272.47	218.17	14.11	0.56	0.47	3.14
标准偏差	2.89	1.37	6.03	4.03	17.87	46.88	1.61	0.03	0.17	0.28

表3-4　质量控制样品Zr/Sr、Rb/Sr最大值、最小值、平均值及标准偏差及变异系数

比值	平均值	最大值	最小值	标准偏差	变异系数（%）
Zr/Sr	2.72	2.93	2.45	0.11	4.04
Rb/Sr	5.09	5.43	4.76	0.16	3.14

此结果证明p-XRF仪器比较稳定，精密度较好，在具体样品分析中主要选择Rb、Sr、Zr元素值及Zr/Sr、Rb/Sr值进行考察。

2. 同一样品在不同部位取点测定

这个实验用以确证样品质地均匀，微区分析数据可以代表整个样品。一般认为，黑曜岩在火山剧烈喷发中形成，高温岩浆混合充分，因此同一座火山在一次喷发中形成的黑曜岩化学元素分布也是比较均匀的。为了确证这点，我们在前面分析中选择的质控样品sample-1，在不同部分多次取点测定的结果显示偏差较小，说明离散性很小，精密度较高，即同一样品数据重复性较好，因此可以用微区数据代表整个样品。

3. 同一样品在同一位置激光剥蚀两次测量数据比较

在LA-ICP-AES检测中，我们选择安图立新-3样品在同一位置进行两次激光剥蚀，数据见表3-5，将两次数据用折线图标示（见附图3-1～3-3）。从图中可以直观看出，两次测量虽有细微差别，但总体趋势一致，主次及微量元素及元素对比值变化不大。

表3-5　LA-ICP-AES检测黑曜岩样品安图立新-3同一位置激光剥蚀两次测量数据

样品-剥蚀次数	位置	SiO_2	Na_2O	MgO	CaO	Fe_2O_3	Al_2O_3	K_2O
安图立新-3-1	风化层	77.00	3.56	0.30	0.45	2.45	12.13	4.11
安图立新-3-2	非风化层	78.10	3.79	0.16	0.42	1.85	11.22	4.45

样品-剥蚀次数	Ti	Ba	Mn	Zn	Sr	Y	Ce	Zr	Y/Zr	Ba/Zr	Ba/Mn	Ba/Sr	Mn/Ba
第一次剥蚀（风化层）	3013	209	403	91	41	35	88	156	0.22	1.34	0.52	5.10	1.93
第二次剥蚀（非风化层）	1751	136	319	96	26	38	88	164	0.23	0.83	0.43	5.23	2.35

此样品一面风化层（石皮）较厚，另一面刷有文物编号，无法测量，因此采用激光剥蚀两次的方法，希望通过剥掉表面风化层测得里面非风化层的数据，在这里安图立新-3-1为第一次剥蚀的数据，即风化层的数据，安图立新-3-2为第二次剥蚀的数据，可以看作非风化层的测试结果。从表3-5中可以看出，风化层比非风化层富Al、Fe而Si减少，这与我们在LA-ICP-AES检测中对大洞遗址样品风化层和非风化层的元素特征分析[6]结论一致：即在长期酸性风化环境中，Si在弱酸性介质作用下比Fe、Al先流失，Al在弱酸溶液中富集。说明这件样品和大洞遗址石器经历的风化环境一样，都是弱酸性的。

这个实验显示激光在同一位置剥蚀两次的测量结果没有显著差异，同时也说明关于风化层与非风化层的化学特征规律在东北各遗址中具有普遍性。风化层比非风化层富Al、Fe而Si减少，而微量元素尤其Y、Ce、Zr变化很小，说明环境对主次量元素的影响较大，因此，主次量元素不适合在产源分析中应用，通过激光二次剥蚀可以消除风化环境对样品化学元素含量的影响，因此为了获得真实的产地信息，样品的取样部位应该避开风化层，或者采用激光剥蚀两次或三次采用最后一次数据的方法。

最后，由于两次剥蚀的元素对比值都没有太大差异，说明元素对比值法可以在一定程度上消除环境的不良影响。

4. 同一样品在同一次实验不同实验条件下测量数据比较

为了考察同一样品在LA-ICP-AES检测中同一次实验不同实验条件下测量数据的变化情况，我们选择黑龙江石河东山（简称石河）和杨林南山（简称杨林）的两件样品分别在激光剥蚀直径为515μm、155μm、515μm、350μm条件下测试，测试结果作折线图比较分析（见附图3-4～3-6）。结果显示，在不同激光剥蚀直径的实验条件下，同一件样品测试数据变化趋势一样，主次量元素几乎一致，微量元素及元素对比值略有差别。

5. 同一样品在不同时间实验中重复测量

为了进一步考察LA-ICP-AES仪器的稳定性，我们选择和龙石人沟样品-5分别在2007年4月19日和相隔一个多月的2007年5月31日不同时间实验中进行检测，两次测试数据作折线图分析（见附图3-7～3-9）。结果显示，同一样品在不同时间实验中主次量元素数据几乎重合，微量元素及元素对比值变化趋势一致，差异不大，说明仪器的稳定性很好，不同时间的测量数据不存在较大的实验误差。

6. 同一样品使用不同方法检测数据比较

我们对桦甸仙人洞遗址出土的一件黑曜岩刮削器的LA-ICP-AES检测数据和p-XRF无损检测数据作直观的折线图比较分析（见附图3-10～3-12）。因为不同检测方法间存在系统误差，通常认为微量元素含量可以在±20%之间浮动。结果显示，p-XRF测得的Ti、Mn、Zn、Sr等元素含量及元素对比值与LA-ICP-AES比较接近，由于LA-ICP-AES的准确度较高，因此说明p-XRF测量的部分元素数据准确度较好。

7. 同一遗址样品在不同时间实验中分组情况比较

我们在对中国东北地区各遗址黑曜岩样品的化学元素特征进行分析总结时，主要根据p-XRF检测的微量元素Rb、Sr、Zr及元素对比值Zr/Sr、Rb/Sr进行分组，为了考察分组的客观性，也就是说，分组结果是否会受到不同时间和不同实验方法的影响，我们设计了本次实验。我们选择两个地点的遗址：和龙石人沟和土耳其，将其样品分为两组分别在2007年4月19日和5月31日进行LA-ICP-AES测试，对测试数据进行主成分分析（见附图3-13），考察LA-ICP-AES不同时间检测对分组结果的影响。

结果显示，在p-XRF检测分组中，土耳其tu-18、tu-19分在同一组Ⅳ，在LA-ICP-AES检测中，这两件样品分别在相隔一个多月的070419和070531测试中聚在一起；而tu-17和tu-18在p-XRF检测分组中分属不同组——Ⅰ组和Ⅳ组，在同一时间070419LA-ICP-AES检测中，这两件样品相距很远，分属不同组；土耳其turky-5在p-XRF检测中属于单独的Ⅱ组，在ICP中亦自成一组。石人沟检测结果同上。因此，同一遗址样品在LA-ICP-AES不同时间检测中与p-XRF分组结果一致。

8. LA-ICP-AES、p-XRF和固定型ED-XRF检测数据分组结果比较

为了更进一步考察分组的客观性，我们对文中应用的三种方法LA-ICP-AES、p-XRF和固定型ED-XRF检测数据分组结果进行分析，见表3-6～3-8和附图3-14。从附图3-14和表3-6可以看出，HSRG-3号样品在LA-ICP-AES检测中远离其他样品，自成一组，而在p-XRF中被单独分为A组，其他样品全部为B组，因此，可以说明p-XRF分组结果与LA-ICP-AES检测结果一致。

由表3-7和表3-8可知，p-XRF和固定型XRF检测结果分组结果基本一致，只有一件例外：安图立新3在p-XRF检测中分为A组，但在固定型ED-XRF定点检测中基体为B组，而其杂质为A组，因此p-XRF检测的应是杂质位置，这是由p-XRF仪器本身的局限造成的，其检测光斑区域较大，难以具体控制到很小的检测点，应属偶然误差，对数量较多的样本整体分组效果影响不大。

因此，LA-ICP-AES、p-XRF和固定型XRF检测数据在主要判源微量元素上的差异性判断是一致的，说明主要以p-XRF检测数据为依据的分组结果具有客观性和合理性。

表3-6　p-XRF检测和龙石人沟黑曜岩主要判源元素Zr、Sr、Rb元素对比值及分组情况

谱号	样品	遗址	Zr	Sr	Rb	Zr/Sr	Rb/Sr	分组
567	HSRG-1	和龙石人沟	287	15	235	19.17	15.74	B
568	HSRG-2	和龙石人沟	285	18	241	16.26	13.72	B
569	HSRG-3	和龙石人沟	324	33	258	9.92	7.91	A
570	HSRG-4	和龙石人沟	305	17	252	18.02	14.85	B
571	HSRG-5	和龙石人沟	333	22	280	14.88	12.52	B
572	HSRG-6	和龙石人沟	303	17	254	17.86	14.96	B
574	HSRG-7	和龙石人沟	313	16	262	19.58	16.36	B
575	HSRG-8	和龙石人沟	300	20	252	14.94	12.53	B
576	HSRG-9	和龙石人沟	318	21	266	14.83	12.40	B
577	HSRG-10	和龙石人沟	300	21	245	14.17	11.57	B
578	HSRG-11	和龙石人沟	294	12	245	23.97	20.00	B
579	HSRG-12	和龙石人沟	315	18	267	17.37	14.73	B
580	HSRG-13	和龙石人沟	301	19	250	15.82	13.15	B

表3-7　p-XRF检测黑曜岩主要判源元素Zr、Sr、Rb元素对比值及分组情况

谱号	样品	遗址	Zr	Sr	Rb	Zr/Sr	Rb/Sr	分组
525	AL-3	安图立新	311	31	245	10.18	8.03	A
526	AL-4	安图立新	326	38	240	8.65	6.36	A
528	HB-1	珲春北山	310	35	230	8.87	6.56	A
529	HB-2	珲春北山	334	37	266	9.13	7.29	A
482	1	大洞砾石	287	17	241	17.19	14.40	B
521	10	大洞砾石	267	17	218	15.74	12.86	B

表3-8　XRF检测黑曜岩次量（%）和微量元素含量（ppm）及判源元素对比值和分组情况

样品编号	TiO_2（%）	Mn	Zn	Rb	Sr	Zr	Rb/Sr	Zr/Sr	分组
安图立新3-基体	0.20	200	138	161	12	340	13.11	27.63	B
安图立新3-杂质	0.41	275	162	197	34	273	5.72	7.92	A
安图立新4-基体	0.11	280	120	202	30	340	6.70	11.28	A
珲春北山1-基体	0.10	144	95	130	22	231	6.01	10.71	A
珲春北山2-基体	0.13	171	85	128	22	182	5.97	8.48	A
大洞砾石1-基体	0.09	91	80	118	10	165	12.35	17.18	B
大洞砾石10-基体	0.14	177	79	120	16	248	7.43	15.38	B

通过以上各种角度的分析测试，我们可以得出如下结论：

（1）p-XRF仪器比较稳定，检测方法精密度较高，对地域指征作用较强的重金属微量元素Rb、Sr、Zr等数据重复性较好。

（2）样品质地均匀，微区数据可以代表整个样品。

（3）风化环境对样品的主次量元素含量影响较大，因此，主次量元素不适合在产源分析中应用。为了获得真实的产地信息，样品的取样部分应该避开风化层。

（4）在LA-ICP-AES测试中，不同时间不同实验条件都不影响实验结果。也就是说，不同时间不同批次的样品测量数据不存在较大的实验误差，可以放在一起进行分析，不影响最终统计分析分组结果。

（5）不同实验方法（LA-ICP-AES和p-XRF等）得出的数据统计分组结果一致；可以使用p-XRF对遗址中大批量的样品化学特征进行分组分析，分组具有一定的客观性和合理性。

（6）元素对比值法可以在一定程度上消除风化环境、不同时间、不同条件、不同方法对测定结果的影响，可以应用特征元素对比值法对不同实验方法数

据进行整合。

（7）LA-ICP-AES和p-XRF等联用进行黑曜岩判源研究具备可行性。

注　释

［1］康宁标样，由位于纽约的世界第三大玻璃公司生产。

［2］由北京大学考古文博学院科技考古实验室仪器管理者崔剑锋老师提供。

［3］Harris, D. C. *Quantitative Chemical Analysis* (Fifth Edition). New York: W. H. Freeman and Company, 1999: 615-632.

［4］崔剑锋等：《湖南沅水流域战国时期楚墓出土古代玻璃器的成分分析》，《硅酸盐学报》2009年第11期，第1909～1913页。

［5］同［4］。

［6］刘爽等：《黑曜岩风化层与非风化层化学成分变化与风化环境》，《边疆考古研究》（第11辑），科学出版社，2012年，第383～387页。

第四章　LA-ICP-AES检测结果与分析

第一节　LA-ICP-AES检测样品

我们应用LA-ICP-AES共检测了吉林省东部12个旧石器时代晚期遗址102件黑曜岩样品、黑龙江省4个遗址17件、潜在源（九台、长白）5件、日本白滝遗址10件、土耳其19件、朝鲜19件，共计21个遗址和地点172件黑曜岩样品，具体内容见表4-1。

表4-1　LA- ICP-AES检测样品及实验记录

序号	遗址名称	样品编号及相关内容	件数	备注
1	和龙 柳洞	HLP0238 HLP0246 HLP04038（砸击石核） HLP04052 HLP04060 HLP04085 采集2件HLP.0202、HLP.0213	6+2=8	20070419ICP检测6件 20080718ICP测2件
2	和龙 石人沟	HLSRG1：05SRGP.T5251（2）：002 HLSRG2 ：05SRGP.T5151（3）：008 HLSRG3：05SRG.BT5152（3）：018 HLSRG4：05SRGP.T5152（2）：010 HLSRG5：05SRG.BT5150（2）：004 （20070531ICP重测） HLSRG6：05SRG.BT5350（2）：035 （20070531ICP测） 20080718检测7件： 05SRGBT5353（4）：014 B区探方 05SRGBT5150（4）：006 B区探方 05SRGBT5352（4）：010 B区探方 05SRGET5250（3）：005 E区探方 05SRGBT5350（3）：047 B区探方 05SRGBT5350（3）：013 B区探方 05SRGDT5251（4）：007 D区探方	6+7=13	20070419ICP测5件 20070531ICP测2件（重测1件） 20080718ICP测7件

续表

序号	遗址名称	样品编号及相关内容	件数	备注
3	和龙 青头	20070531ICP测6件 06HQ.C：76 06HQ.C：89 06HQ.T2（2）：5 探沟2 06HQ.C：24 06HQ.T1（2）：3 无号 wuhao	6	20070531ICP测6件 C采集：耕土层破坏，在地表采集
4	安图 沙金沟	20070531ICP测6件 06 AS.C：53 06AS.C：77 06AS.C：8 06AS.C：26 06AS.C：58 06AS.C：57 20081225检测2件 06AS.C：45 06AS.C：54	6+2=8	20070531ICP检测6件 20081225检测2件
5	和龙 大洞	砾石样品10件 石器13件 DDSQ1：07DD.CS18 S区采集 DDSQ2：07DD.CS82 DDSQ3：07DD.CS16 DDSQ4：07DD.CS10 DDSQ5：07DDC870 DDSQ6：07DD3571 DDSQ7：07DD2712 DDSQ8：07DDC396 DDSQ9：07DDC1964 DDSQ10：07DDC469 DDSQ11：07DDC1768 DDSQ12：07DD3323 DDSQ13：07DD3087	10+13=23	大洞石器从图们江三级阶地地表采集 砾石从河流阶地砾石层采集 20080718检测23件 石器12、13两件褐红色带黑斑 检测号中A为风化层，B为非风化层
6	抚松 后崴子东台	抚松东台07FH：34 07FH：38 07FH：43 07FH：18	4	20080718检测1件 20081225检测3件

续表

序号	遗址名称	样品编号及相关内容	件数	备注
7	安图 立新	06AL.C：39 06AL.C：42 06AL：C：43 06AL：C：47	4	
8	和龙 西沟	06HX.C：60、84、83、91、89、90、77、75、79、72	10	20080718检测ICP
9	珲春 北山	HBP.0237 HBP.0230 HBP.0225 HBP.0223 HBP.0224 HBP.0231	6	20080718检测ICP
10	抚松新屯子西山遗址（抚松西山FX）	石片10件： 02FXP.F1：10 02FXP.F1：24 02FXP.F1：14 02FXP.F1：3 02FXP.F1：18 14：1（探方） 1：1 Y1：4 无号两件	10	地层出土一大石核重17.4千克，在大石核周围布方，碎片大部分在石圈（F）遗迹里，少部分在遗迹外。这些石片疑为从此石核打下来。无号两件可能是从大石核上碰掉的 20080707ICP检测 20090924ICP检测
11	国东 大穴	国东大穴1：07JG.c：11 国东大穴2：07JG.c：12 国东大穴3：07JG.c：14 国东大穴4：07JG.c：16 国东大穴5：07JG.c：18 国东大穴6：07JG.c：20 国东大穴7：07JG.c：014 两件无号	9	2007年6月24日吉林集安鸭绿江流域 距地面100多米 20080717ICP 20090924ICP 两件无号样品不是黑曜岩07JG.c：14两件，一件200924ICP检测
12	桦甸 仙人洞	刮削器93HXAT32（2）：1（仅此一件）上的残片No.1	1	松花江流域 1993 20080717ICP 20090924ICP
13	黑龙江渤海遗址	HLJ：zhl0929	1	黑龙江牡丹江流域渤海上京遗址发掘下层出土 20070419ICP检测 20090701ICP检测 20100115XGT检测

续表

序号	遗址名称	样品编号及相关内容	件数	备注
14	黑龙江杨林南山	08YLNS.C：01—06	6	黑龙江牡丹江海浪河流域 2008年5月采集 20080717ICP 20090924ICP
15	黑龙江石河东山	断片08SHDS.C：01	1	黑龙江牡丹江海浪河流域 2008年5月采集 20080717ICP 20090924ICP ICP不同激光剥蚀条件测两次，分风化层和非风化层
16	黑龙江炮台山	PTS1：08pts.c：1 断块 PTS2：08pts.c：2断片 PTS3：08pts.c：3 断片 PTS4：08pts.c：4 完整石片 PTS5：08pts.c：5 完整石片 PTS6：08pts.c：6 断片 PTS7：08pts.c：7断块 PTS8：08pts.c：8 断块 PTS9：08pts.c：9 近端石片	9	黑龙江牡丹江海浪河流域 2008年5月采集 1-7号20080718ICP 20091013ICP 8-9号20080718ICP 5和8号（SiO_2：56%）D组，ICP、XGT检测不是黑曜岩，应为玄武岩（SiO_2：42%~52%）
17	九台	九台-1 九台-2	2件	从岩石基岩上打下， 表层有风化
18	长白山北坡	长白山北坡1、2、3，杂质多，风化严重，品相差	3件	长白山天池北坡2006年5月采集 20070531ICP检测 20090701 ICP 20110308ICP
19	日本	北海道旧石器时代晚期白滝遗址。质地均匀，黝黑光亮。日-6有风化层 日-1~10. 日-1作质控sample-1	10	20070531ICP检测2件 20070616ICP检测 20090701ICP检测
20	土耳其	tu-1~tu-19	19	20070419ICP检测3件 20070531ICP检测11件 2008年ICP检测
21	朝鲜	Y-1、3、4、5、6、7、8、9、10、11、12、13、15、16、17、18、19、20、21	19	从朝鲜购入，具体位置不详 ICP检测19件
合计	21		172	吉林东部12遗址102件 黑龙江4遗址17件 潜在源（九台、长白）5件 日本10件 土耳其19件，朝鲜19件

第二节　LA-ICP-AES 检测结果

LA-ICP-AES检测黑曜岩样品主微量元素含量数据分别见表4-2、表4-3。

表4-2　LA-ICP-AES检测黑曜岩样品主次量元素含量（%）

样品编号	遗址	SiO_2	Al_2O_3	Na_2O	K_2O	CaO	MgO	Fe_2O_3
hx-q72	和龙西沟	77.44	12.12	3.79	4.71	0.29	0.07	1.58
hx-c83	和龙西沟	77.27	12.14	3.71	4.71	0.32	0.13	1.73
hx-c89	和龙西沟	77.19	11.83	2.39	6.63	0.30	0.07	1.58
hx-c60	和龙西沟	77.73	11.88	3.69	4.70	0.30	0.09	1.62
hx-c77	和龙西沟	78.40	11.53	3.61	4.49	0.27	0.09	1.61
hx-c79	和龙西沟	77.34	11.69	1.81	7.25	0.33	0.09	1.49
hx-c75	和龙西沟	76.90	11.71	3.78	4.68	0.38	0.27	2.28
hx-c84	和龙西沟	78.15	11.56	3.58	4.67	0.35	0.09	1.60
hx-c90	和龙西沟	77.32	10.63	3.70	4.74	0.66	0.20	2.75
hx-c91	和龙西沟	78.10	11.46	3.94	4.65	0.31	0.05	1.49
SRG-B-006	和龙石人沟	76.03	13.01	3.95	4.69	0.52	0.09	1.72
SRG-B-010	和龙石人沟	76.29	12.71	4.09	4.79	0.50	0.04	1.57
SRG-B-013	和龙石人沟	76.19	12.73	4.17	4.83	0.50	0.04	1.54
SRG-B-014	和龙石人沟	76.48	12.67	4.10	4.75	0.49	0.03	1.48
SRG-B-047	和龙石人沟	76.37	12.68	4.14	4.74	0.49	0.03	1.55
SRG-D-007	和龙石人沟	76.08	12.78	4.15	4.76	0.50	0.06	1.68
SRG-E-005	和龙石人沟	76.07	12.95	3.97	4.75	0.51	0.08	1.66
HLP0202	和龙柳洞	78.60	11.62	3.51	4.37	0.30	0.06	1.54
HLP0213	和龙柳洞	78.59	10.51	4.31	4.77	0.37	0.04	1.42
HBP-1	珲春北山	78.29	10.68	4.20	4.87	0.41	0.07	1.49
HBP-2	珲春北山	78.22	10.76	4.15	4.84	0.41	0.08	1.53
HBP-3	珲春北山	78.62	10.51	4.24	4.71	0.37	0.05	1.51
HBP-4	珲春北山	78.07	10.73	4.10	4.61	0.43	0.10	1.95
HBP-5	珲春北山	78.46	10.61	4.31	4.71	0.37	0.05	1.49
HBP-6	珲春北山	78.90	10.70	4.07	4.54	0.36	0.03	1.40
ATLX-1	安图立新	78.54	10.00	4.53	5.00	0.36	0.04	1.54

续表

样品编号	遗址	SiO_2	Al_2O_3	Na_2O	K_2O	CaO	MgO	Fe_2O_3
ATLX-2	安图立新	78.81	10.63	3.99	4.48	0.36	0.08	1.65
ATLX-3	安图立新	77.00	12.13	3.56	4.11	0.45	0.30	2.45
ATLX-4	安图立新	78.10	11.22	3.79	4.45	0.42	0.16	1.85
ATLX-5	安图立新	77.77	10.88	4.07	4.82	0.47	0.13	1.86
FSDT-1	抚松东台	77.81	10.15	3.27	6.52	0.46	0.07	1.71
FSDT-2	抚松东台	78.00	9.73	4.61	5.06	0.55	0.09	1.95
FSDT-3	抚松东台	78.23	10.19	4.37	4.97	0.47	0.08	1.69
FSDT-18	抚松东台	75.82	12.93	4.04	4.90	0.56	0.09	1.66
ATSJG-1	安图沙金沟	78.46	10.77	4.05	4.74	0.42	0.07	1.50
ATSFG-2	安图沙金沟	77.40	11.39	4.16	4.80	0.44	0.12	1.70
FSXS-1	抚松西山	76.62	12.76	3.83	4.72	0.49	0.06	1.52
FSXS-Y1	抚松西山	75.89	13.25	3.75	4.90	0.56	0.10	1.56
FSXS-Y4	抚松西山	75.66	13.23	3.78	4.92	0.66	0.13	1.61
FSXS-2	抚松西山	76.66	12.80	3.74	4.72	0.50	0.07	1.51
FSXS-F10	抚松西山	76.71	12.84	3.77	4.67	0.48	0.05	1.47
FSXS-F24	抚松西山	76.14	13.19	3.64	4.89	0.55	0.11	1.49
FSXS-F14	抚松西山	76.64	12.96	3.53	4.75	0.54	0.09	1.49
FSXS-F3	抚松西山	76.93	12.75	3.70	4.65	0.47	0.07	1.43
FSXS-F18	抚松西山	76.28	13.08	3.64	4.82	0.53	0.11	1.55
FSXS-T14	抚松西山	76.35	13.16	3.58	4.78	0.54	0.10	1.50
GUOD-11	国东大穴	75.16	13.02	3.96	4.97	1.35	0.06	1.48
GUOD-12	国东大穴	75.22	12.99	3.97	5.01	1.31	0.06	1.45
GUOD-14	国东大穴	75.66	12.71	4.04	4.81	1.25	0.04	1.50
GUOD-014	国东大穴	75.22	12.96	3.98	5.01	1.30	0.06	1.47
GUOD-16	国东大穴	75.51	12.75	4.08	4.85	1.27	0.03	1.51
GUOD-18	国东大穴	74.81	13.20	4.02	5.06	1.33	0.06	1.52
GUOD-20	国东大穴	75.95	11.87	4.02	5.11	1.29	0.08	1.68
桦甸No.1	桦甸	75.66	12.43	4.15	4.89	1.26	0.03	1.59
dadongyuan	大洞	76.52	12.12	3.52	4.83	0.40	0.21	2.39
DDLISHI-1	大洞	74.58	13.40	3.42	4.07	0.49	0.28	3.75
DDLISHI-1B	大洞	77.23	11.94	3.98	4.18	0.39	0.11	2.16
DDLISHI-2	大洞	76.58	12.23	3.74	4.53	0.47	0.19	2.26

续表

样品编号	遗址	SiO_2	Al_2O_3	Na_2O	K_2O	CaO	MgO	Fe_2O_3
DDLISHI-3A	大洞	76.07	12.22	3.13	5.16	0.49	0.22	2.71
DDLISHI-3B	大洞	77.96	11.30	3.36	5.48	0.40	0.04	1.46
DDLISHI-4A	大洞	75.85	12.10	3.67	4.30	0.48	0.30	3.30
DDLISHI-4B	大洞	78.49	10.72	4.04	4.52	0.42	0.05	1.76
DDLISHI-5	大洞	78.27	11.27	3.93	4.43	0.41	0.06	1.62
DDLISHI-5A	大洞	77.47	11.64	3.75	4.37	0.47	0.17	2.13
DDLISHI-6B-1	大洞	78.49	10.94	3.99	4.50	0.36	0.05	1.67
DDLISHI-6A-2	大洞	78.99	10.56	4.04	4.54	0.36	0.03	1.49
DDLISHI-7	大洞	78.07	11.09	3.82	4.59	0.40	0.08	1.94
DDLISHI-7B	大洞	78.38	10.65	4.08	4.69	0.40	0.05	1.75
DDLISHI-8	大洞	77.46	11.25	4.09	4.58	0.43	0.11	2.09
DDLISHI-8A	大洞	75.64	12.37	3.58	4.14	0.44	0.30	3.52
DDLISHI-9	大洞	77.72	11.32	3.81	4.81	0.49	0.13	1.72
DDLISHI-9B	大洞	77.66	11.24	4.00	4.86	0.45	0.11	1.69
DDSHQI-1A	大洞	74.66	13.51	4.15	4.36	0.52	0.20	2.59
DDSHIQI-1B	大洞	75.88	13.00	4.23	4.50	0.49	0.09	1.81
DDSHIQI-2	大洞	76.25	13.27	3.86	4.24	0.48	0.09	1.82
DDSHIQI-3A	大洞	76.90	11.93	4.31	4.56	0.45	0.09	1.77
DDSHQI-3B	大洞	76.95	12.90	3.73	4.13	0.48	0.09	1.72
DDSHQI-4A	大洞	76.08	12.29	3.93	4.34	0.49	0.20	2.68
DDSHQI-4B	大洞	77.75	11.69	4.07	4.42	0.44	0.08	1.55
DDSHQI-5	大洞	77.53	11.92	4.07	4.32	0.44	0.08	1.64
DDSHQI-6	大洞	74.81	11.93	4.16	4.07	0.94	0.19	3.90
DDSHQI-7	大洞	78.03	11.35	4.10	4.36	0.43	0.08	1.64
DDSHIQI-8	大洞	78.32	10.77	4.26	4.52	0.46	0.09	1.59
DDSHQI-9	大洞	78.16	10.79	4.19	4.49	0.44	0.10	1.83
DDSHQI-10	大洞	80.15	9.67	3.36	3.75	0.62	0.09	2.36
DDSHQI-10-2	大洞	79.36	9.88	3.61	3.80	0.65	0.09	2.62
DDSHQI-11	大洞	82.28	8.49	1.24	5.29	0.54	0.08	2.08
DDSHQI-11	大洞	74.99	12.74	2.05	7.89	0.41	0.06	1.87
DDSHIQI-12	大洞	77.43	11.15	3.67	5.68	0.34	0.03	1.69
DDSHIQI-13	大洞	77.77	10.92	4.23	4.82	0.35	0.04	1.87

续表

样品编号	遗址	SiO_2	Al_2O_3	Na_2O	K_2O	CaO	MgO	Fe_2O_3
黑龙江渤海	黑龙江渤海			3.39	3.51	3.07	0.10	1.21
黑龙江石河1	黑龙江石河	75.33	11.54	4.21	5.00	1.39	0.10	2.44
黑龙江杨林-1	杨林	75.69	12.47	4.17	4.71	1.27	0.04	1.64
黑龙江杨林-2	杨林	75.21	12.62	4.25	5.01	1.25	0.04	1.61
黑龙江杨林-3	杨林	75.07	12.68	4.04	5.25	1.31	0.06	1.59
黑龙江杨林-4	杨林	75.47	12.43	4.15	5.00	1.28	0.05	1.61
黑龙江杨林-5	杨林	75.58	12.38	4.13	4.98	1.27	0.05	1.60
黑龙江杨林-6	杨林	75.71	12.35	4.16	4.91	1.26	0.03	1.57
HLJ炮台山-1	炮台山	75.11	12.60	3.77	5.46	1.29	0.05	1.71
HLJ炮台山-2	炮台山	75.32	12.58	4.29	4.65	1.31	0.07	1.78
HLJ炮台山-3	炮台山	75.25	12.52	4.10	4.96	1.29	0.08	1.77
HLJ炮台山-4	炮台山	75.85	12.19	4.13	4.94	1.26	0.04	1.58
HLJ炮台山-6	炮台山	75.32	12.52	4.27	5.00	1.26	0.04	1.60
HLJ炮台山-7	炮台山	74.90	12.76	4.22	5.01	1.27	0.07	1.77
九台1	九台矿		3.25	2.02	3.24	0.11	1.27	
九台2	九台矿			3.69	1.96	3.16	0.11	1.71
长白山北1	长白山北坡			5.94	4.90	3.39	0.24	4.30
长白山北2	长白山北坡			6.21	4.95	3.57	0.22	3.38
长白山北3	长白山北坡			5.89	4.94	3.40	0.24	4.30
朝鲜Y-1	朝鲜	75.18	13.70	3.79	4.57	0.55	0.08	1.79
朝鲜Y-3	朝鲜	75.00	14.11	3.78	4.83	0.50	0.04	1.51
朝鲜Y-4	朝鲜	74.15	14.48	3.51	4.65	0.65	0.07	2.21
朝鲜Y-5	朝鲜	73.25	15.58	3.63	5.08	0.51	0.05	1.65
朝鲜Y-6	朝鲜	73.50	15.37	3.55	5.18	0.52	0.06	1.56
朝鲜Y-7	朝鲜	72.59	14.95	3.51	4.84	0.86	0.12	2.83
朝鲜Y-8	朝鲜	72.74	15.30	3.59	5.12	0.63	0.08	2.25
朝鲜Y-9	朝鲜	73.70	15.54	3.47	5.14	0.46	0.05	1.39
朝鲜Y-10	朝鲜	74.87	14.21	3.72	4.86	0.52	0.05	1.52
朝鲜Y11	朝鲜	74.89	12.66	4.33	5.09	0.62	0.06	2.12
朝鲜Y-12	朝鲜	72.39	15.43	3.24	4.90	0.83	0.10	2.79
朝鲜Y-13	朝鲜	73.64	15.59	3.51	5.01	0.48	0.05	1.48
朝鲜Y-15	朝鲜	71.10	14.44	3.09	4.20	1.49	0.24	5.05

续表

样品编号	遗址	SiO_2	Al_2O_3	Na_2O	K_2O	CaO	MgO	Fe_2O_3
朝鲜Y-16	朝鲜	73.87	15.12	3.54	5.12	0.50	0.05	1.57
朝鲜Y-17	朝鲜	74.56	14.86	3.41	4.67	0.47	0.05	1.68
朝鲜Y-18	朝鲜	74.51	14.05	3.79	5.07	0.53	0.05	1.74
朝鲜Y-19	朝鲜	74.15	14.66	3.55	4.75	0.62	0.06	1.95
朝鲜Y-20	朝鲜	73.82	15.57	3.43	5.00	0.47	0.06	1.39
朝鲜Y-21	朝鲜	73.25	15.20	3.51	5.34	0.59	0.07	1.78
japan1	日本北海道			2.87	3.01	2.99	0.10	0.94
japan2	日本北海道			2.78	2.95	2.98	0.11	0.91
tu-1	土耳其			3.61	3.57	3.11	0.21	1.50
tu-2	土耳其			3.72	3.63	3.11	0.21	1.48
tu-3	土耳其			3.97	3.72	3.10	0.20	1.44
tu-4	土耳其			4.44	3.22	2.85	0.09	3.03
tu-5	土耳其			3.26	3.22	2.94	0.11	0.60
tu-6	土耳其			4.28	4.02	3.10	0.21	1.41
tu-7	土耳其			3.61	3.26	3.23	0.20	0.90
tu-8	土耳其			4.44	3.29	2.83	0.09	2.63
tu-9	土耳其			5.00	3.42	2.83	0.09	3.11
tu-10	土耳其			4.30	4.06	3.10	0.21	1.42
tu-11	土耳其			4.33	4.07	3.09	0.22	1.42
tu-17	土耳其			3.99	3.84	3.24	0.21	1.53
tu-18	土耳其			4.49	3.28	2.95	0.08	3.30
tu-19	土耳其			3.64	3.83	2.92	0.08	2.27

表4-3　LA-ICP-AES检测黑曜岩样品微量元素含量（ppm）

样品编号	遗址	Ba	Mn	Ti	Zn	Sr	Zr	Y	Ce
hx-q72	和龙西沟	54	331	959	87	25	153	41	113
hx-c83	和龙西沟	69	329	1052	99	28	165	44	118
hx-c89	和龙西沟	59	313	923	93	27	162	44	100
hx-c60	和龙西沟	58	315	987	86	26	167	45	118
hx-c77	和龙西沟	48	310	899	100	24	148	40	140
hx-c79	和龙西沟	121	300	1026	84	38	162	37	113
hx-c75	和龙西沟	96	357	1295	110	34	161	42	98

续表

样品编号	遗址	Ba	Mn	Ti	Zn	Sr	Zr	Y	Ce
hx-c84	和龙西沟	118	314	1033	82	38	161	37	112
hx-c90	和龙西沟	138	523	1122	119	37	106	21	142
hx-c91	和龙西沟	57	293	867	122	27	159	42	121
SRG-B-006	和龙石人沟	82	350	1549	89	40	192	59	158
SRG-B-010	和龙石人沟	72	362	1026	94	37	173	54	160
SRG-B-013	和龙石人沟	62	364	1056	90	36	182	58	160
SRG-B-014	和龙石人沟	49	350	913	89	32	174	57	158
SRG-B-047	和龙石人沟	43	361	954	92	31	177	58	162
SRG-D-007	和龙石人沟	65	373	1184	91	35	172	54	151
SRG-E-005	和龙石人沟	90	358	1376	93	41	178	54	153
HLP0202	和龙柳洞	62	303	964	103	27	170	45	118
HLP0213	和龙柳洞	51	257	737	100	7	166	47	94
HBP-1	珲春北山	122	263	970	81	22	347	40	94
HBP-2	珲春北山	149	257	1180	90	23	175	41	96
HBP-3	珲春北山	59	263	832	93	8	166	46	93
HBP-4	珲春北山	96	306	1024	100	13	158	41	86
HBP-5	珲春北山	179	263	952	133	8	173	48	98
HBP-6	珲春北山	44	261	720	86	5	163	46	96
ATLX-1	安图立新	44	274	729	116	5	159	45	95
ATLX-2	安图立新	60	288	1036	88	8	143	39	97
ATLX-3	安图立新	209	403	3013	91	41	156	35	88
ATLX-4	安图立新	136	319	1751	96	26	164	38	88
ATLX-5	安图立新	156	334	1284	81	25	147	31	92
FSDT-1	抚松东台	109	297	876	102	19	156	38	93
FSDT-2	抚松东台	105	339	830	115	18	152	37	78
FSDT-3	抚松东台	113	289	874	105	19	160	39	96
FSDT-18	抚松东台	141	379	1253	87	51	165	45	138
ATSJG-1	安图沙金沟	126	268	1001	85	23	172	40	98
ATSFG-2	安图沙金沟	169	289	1322	81	32	180	35	97
FSXS-1	抚松西山	71	309	830	113	0	153	42	187
FSXS-Y1	抚松西山	134	324	1163	113	15	173	42	178
FSXS-Y4	抚松西山	158	506	1277	139	16	162	38	210

续表

样品编号	遗址	Ba	Mn	Ti	Zn	Sr	Zr	Y	Ce
FSXS-无号2	抚松西山	50	302	867	116	0	149	41	168
FSXS-F10	抚松西山	41	310	794	78	0	176	50	171
FSXS-F24	抚松西山	138	310	1108	89	14	176	42	181
FSXS-F14	抚松西山	119	303	1089	110	12	150	35	193
FSXS-F3	抚松西山	39	298	773	105	0	173	49	182
FSXS-F18	抚松西山	121	303	1085	116	12	147	35	206
FSXS-T14	抚松西山	149	311	1048	90	13	162	39	181
GUOD-11	国东大穴	129	507	1068	78	47	191	50	132
GUOD-12	国东大穴	139	386	1126	84	49	199	51	123
GUOD-14	国东大穴	50	399	867	99	31	179	55	134
GUOD-014	国东大穴	136	391	2041	80	46	184	50	130
GUOD-16	国东大穴	51	397	861	96	31	199	63	137
GUOD-18	国东大穴	140	401	1115	81	50	211	57	132
GUOD-20	国东大穴	128	396	1110	95	43	143	38	108
桦甸No.1	桦甸	51	400	859	97	31	181	62	136
dadongyuan	大洞	111	453	2050	122	42	242	51	116
DDLISHI-1	大洞	239	539	3577	121	39	297	47	131
DDLISHI-1B	大洞	80	326	1594	103	14	205	45	105
DDLISHI-2	大洞	119	481	1818	104	27	212	47	113
DDLISHI-3A	大洞	122	395	2424	101	30	333	52	143
DDLISHI-3B	大洞	65	285	806	81	11	180	50	101
DDLISHI-4A	大洞	162	515	4097	119	38	281	46	139
DDLISHI-4B	大洞	71	313	845	90	11	150	40	100
DDLISHI-5	大洞	73	303	954	88	13	178	47	116
DDLISHI-5A	大洞	102	409	1633	94	23	198	48	111
DDLISHI-6B-1	大洞	53	313	888	94	7	168	44	107
DDLISHI-6A-2	大洞	46	270	717	91	5	156	44	92
DDLISHI-7	大洞	58	327	1007	101	9	200	51	121
DDLISHI-7B	大洞	50	315	790	101	7	181	53	107
DDLISHI-8	大洞	90	358	1323	107	20	229	55	127
DDLISHI-8A	大洞	129	774	2999	113	30	309	52	124
DDLISHI-9	大洞	157	336	1301	82	30	178	33	92

续表

样品编号	遗址	Ba	Mn	Ti	Zn	Sr	Zr	Y	Ce
DDLISHI-9B	大洞	150	304	1254	76	26	180	34	90
DDSHQI-1A	大洞	109	372	2896	123	33	224	49	126
DDSHIQI-1B	大洞	76	310	993	102	22	166	48	133
DDSHIQI-2	大洞	52	308	972	103	15	159	47	134
DDSHIQI-3A	大洞	72	279	1005	121	20	154	43	115
DDSHQI-3B	大洞	75	295	986	86	21	161	45	125
DDSHQI-4A	大洞	98	476	1951	126	26	185	45	119
DDSHQI-4B	大洞	56	254	816	93	16	154	45	108
DDSHQI-5	大洞	49	267	836	101	15	152	45	100
DDSHQI-6	大洞	82	629	1167	160	22	153	41	116
DDSHQI-7	大洞	56	259	839	111	16	152	44	98
DDSHIQI-8	大洞	54	269	803	149	16	147	43	99
DDSHQI-9	大洞	48	275	858	121	14	151	43	105
DDSHQI-10	大洞	53	400	852	171	13	140	40	113
DDSHQI-10-2	大洞	52	445	896	177	13	138	40	100
DDSHQI-11	大洞	88	291	973	155	16	114	31	79
DDSHQI-11	大洞	0	362	1344	108	17	190	49	155
DDSHIQI-12	大洞	52	343	894	93	7	140	41	124
DDSHIQI-13	大洞	67	339	930	108	9	140	40	127
黑龙江渤海	黑龙江渤海	102	509	745		82	163	43	138
黑龙江石河1	黑龙江石河	118	520	1158	128	38	142	47	136
黑龙江杨林-1	杨林	46	393	946	107	31	161	56	151
黑龙江杨林-2	杨林	59	393	954	90	33	173	60	141
黑龙江杨林-3	杨林	140	395	1136	83	48	182	54	136
黑龙江杨林-4	杨林	83	401	999	94	38	176	59	134
黑龙江杨林-5	杨林	79	397	967	93	36	172	58	136
黑龙江杨林-6	杨林	52	394	848	90	31	176	62	140
HLJ炮台山-1	炮台山	67	410	2469	108	35	188	65	140
HLJ炮台山-2	炮台山	91	409	1068	97	39	191	65	137
HLJ炮台山-3	炮台山	92	411	1167	99	39	179	59	142
HLJ炮台山-4	炮台山	57	389	869	93	32	169	60	137
HLJ炮台山-6	炮台山	53	398	876	94	31	176	63	140

续表

样品编号	遗址	Ba	Mn	Ti	Zn	Sr	Zr	Y	Ce
HLJ炮台山-7	炮台山	67	414	1101	97	35	185	66	146
九台1	九台矿	5	581	486		124	121	33	159
九台2	九台矿	2	728	501		81	114	18	195
长白山北1	长白山北坡	31	1150	3151		57	576	42	151
长白山北2	长白山北坡	852	907	2638		176	402	27	135
长白山北3	长白山北坡	46	1154	3208		59	591	43	159
朝鲜Y-1	朝鲜	128	279	670	180	20	300		
朝鲜Y-3	朝鲜	97	277	625	138	16	393		
朝鲜Y-4	朝鲜	104	401	655	199	17	328		
朝鲜Y-5	朝鲜	92	316	725	163	16	413		
朝鲜Y-6	朝鲜	114	299	695	152	19	382		
朝鲜Y-7	朝鲜	101	504	680	231	17	360		
朝鲜Y-8	朝鲜	87	407	678	225	15	372		
朝鲜Y-9	朝鲜	111	271	701	148	19	389		
朝鲜Y-10	朝鲜	122	273	649	154	20	373		
朝鲜Y-11	朝鲜	92	344	547	192	15	350		
朝鲜Y-12	朝鲜	87	501	700	231	15	342		
朝鲜Y-13	朝鲜	104	278	691	144	18	388		
朝鲜Y-15	朝鲜	120	818	743	324	19	300		
朝鲜Y-16	朝鲜	87	294	668	166	15	398		
朝鲜Y-17	朝鲜	85	287	758	173	14	349		
朝鲜Y-18	朝鲜	86	312	621	188	14	353		
朝鲜Y-19	朝鲜	116	352	681	174	19	386		
朝鲜Y-20	朝鲜	117	277	738	142	20	388		
朝鲜Y-21	朝鲜	89	327	701	165	18	386		
japan1	日本北海道	1119	510	281		72	48	15	96
japan2	日本北海道	1107	501	271		71	45	15	85
tu-1	土耳其	517	462	1259		81	217	19	85
tu-2	土耳其	510	456	1229		82	216	20	78
tu-3	土耳其	507	453	1236		82	219	20	71
tu-4	土耳其	3	682	1301		53	842	112	143
tu-5	土耳其	205	577	398		62	54	11	91

续表

样品编号	遗址	Ba	Mn	Ti	Zn	Sr	Zr	Y	Ce
tu-6	土耳其	499	457	1285		84	231	21	91
tu-7	土耳其	727	638	828		125	95	11	82
tu-8	土耳其	2	559	1109		53	983	138	171
tu-9	土耳其	4	686	1346		54	939	132	159
tu-10	土耳其	504	461	1337		86	236	20	103
tu-11	土耳其	506	460	1358		86	228	20	94
tu-17	土耳其	598	528	1626		109	224	20	74
tu-18	土耳其	30	814	1660		72	854	120	154
tu-19	土耳其	27	639	1197		71	890	115	168

第三节　LA-ICP-AES检测各遗址判源元素主成分分析及元素对散点图分析

一、LA-ICP-AES检测中国东北地区十四遗址黑曜岩制品判源元素主成分分析图

根据LA-ICP-AES检测中国东北地区十四遗址（安图立新、安图沙金沟、大洞、抚松东台、抚松西山、国东大穴、和龙柳洞、和龙石人沟、和龙西沟、珲春北山、桦甸仙人洞、黑龙江石河、炮台山、杨林南山）黑曜岩制品化学元素含量，进行数据归一化处理后，选择主要判源元素如Ba、Mn、Ti、Rb、Sr、Zr、Ce和Th等应用SPSS18.0软件作主成分分析，并作第一主成分和第二主成分散点图（见附图4-1），从图中可以看出：中国东北地区各遗址黑曜岩样品判源元素化学特征存在分型趋势，大致可以分为四种类型，和龙大洞遗址黑曜岩样品判源元素特征最为分散，几乎包含所有类型。

二、LA-ICP-AES检测中国东北地区十四遗址黑曜岩制品判源元素Ba-Sr散点图

根据LA-ICP-AES检测中国东北地区十四遗址黑曜岩制品化学元素数据，应用SPSS18.0软件作Ba-Sr散点图（见附图4-2），从图中可以看出，大洞遗址

的样品可以大致分为四组，特征覆盖东北地区所有遗址，这一点与主成分分析结果一致。

从整体上观察，抚松西山、抚松东台、珲春北山、安图立新、安图沙金沟、大洞、和龙西沟、和龙石人沟、国东大穴、黑龙江杨林南山、炮台山遗址黑曜岩样品的Ba-Sr元素都呈现一致的变化趋势，即Ba元素含量随Sr元素含量的增加而增加，呈正比例相关性，且斜率大致相同。从这一点可以得出结论：抚松西山、抚松东台、珲春北山、安图立新、安图沙金沟、大洞、和龙西沟、和龙石人沟、国东大穴、黑龙江杨林南山、炮台山遗址的黑曜岩样品大都具有相同的地球化学特征，应该出自同一产地；而和龙柳洞、黑龙江石河、桦甸由于样品太少，暂看不出有此规律，但样品都没有超出大组的范围；珲春北山一件样品远离其他各组，其余五件分属大洞两个大组，考虑到珲春与俄罗斯格拉得卡亚河流域交界，而俄罗斯学者在格拉得卡亚河流域曾发现了少量的黑曜岩矿源[1]，珲春北山距离大洞遗址相对较远，不排除此遗址中黑曜岩石料有与其他遗址不同的黑曜岩原料来源地。

三、LA-ICP-AES检测中国东北地区十四遗址黑曜岩制品判源元素Ba-Mn散点图

根据LA-ICP-AES检测中国东北地区十四遗址黑曜岩制品化学元素数据，应用SPSS18.0软件作Ba-Mn散点图（见附图4-3），从图中可以看出，大洞遗址的样品至少可以分为四组，其特征覆盖东北地区所有各遗址。

四、LA-ICP-AES检测中国东北地区十四遗址黑曜岩制品Na_2O-Mn散点图

根据LA-ICP-AES检测中国东北地区十四遗址黑曜岩制品化学元素数据，应用SPSS18.0软件作Na_2O-Mn散点图（见附图4-4），从图中可以看出，东北地区各遗址黑曜岩样品从Na_2O-Mn元素特征上可以分为四组，大洞遗址特征覆盖所有遗址。

五、LA-ICP-AES检测中国东北地区十四遗址黑曜岩制品Zr-Sr散点图

根据LA-ICP-AES检测中国东北地区十四遗址黑曜岩制品化学元素数据，应用SPSS18.0软件作Zr-Sr散点图（见附图4-5），从图中可以看出：东北地区各遗址黑曜岩样品从Zr-Sr元素特征上可以分为四种类型，珲春北山一件样品较特殊，远离其他各组，似乎有与其他样品不同的来源。

六、LA-ICP-AES检测中国东北地区和朝日土黑曜岩主成分分析散点图

根据LA-ICP-AES检测中国东北地区十六个遗址（安图立新、安图沙金沟、大洞、抚松东台、抚松西山、国东大穴、和龙柳洞、和龙青头、和龙石人沟、和龙西沟、珲春北山、桦甸仙人洞、黑龙江渤海、石河、炮台山、杨林南山）、潜在的矿源（长白山北坡、九台）以及国外（朝鲜、日本、土耳其）黑曜岩制品化学元素含量，进行数据处理后，选择主要判源元素如Ba、Mn、Ti、Rb、Sr、Zr、Ce和Th等应用SPSS18.0软件作主成分分析，并作第一主成分和第二主成分散点图（见附图4-6），从图中可以看出：中国东北地区各遗址黑曜岩样品判源元素化学特征大致可以分为四种类型；长白山北坡和九台样品与各遗址中黑曜岩制品特征不同，不属于同一来源；朝鲜的黑曜岩样品特征与大洞等中国东北地区遗址聚在一起；日本、土耳其与中国各遗址不同，彼此也各不相同；土耳其可以大致分为四种类型。

第四节　LA-ICP-AES检测对东北地区黑曜岩风化环境的研究[2]

已有的研究成果表明，火山玻璃黑曜岩作为一种内部结构质点分布作不规则排列的非晶质物质，它的表面对水具有极强的亲和力，自裸露在外界环境的那刻起就开始缓慢地从周围环境中吸收水分，随着时间的延长而逐渐向内部扩散，形成风化层，风化层的厚度从几纳米到几毫米不等，其化学组成可以为研究其经历过的环境提供有用的信息[3, 4]。为了考察遗址中黑曜岩制品所经历的风化环境，我们分别在大洞遗址黑曜岩砾石和石器的风化层和非风化层处选点进行LA-

ICP-AES检测，测定结果见表4-4。

表4-4　大洞砾石原料和石器风化层与非风化层SiO_2、Fe_2O_3、Al_2O_3含量（%）

样品编号	SiO_2		Fe_2O_3		Al_2O_3	
	风化层	非风化层	风化层	非风化层	风化层	非风化层
大洞砾石-1	74.58	77.23	3.75	2.16	13.4	11.94
大洞砾石-3	76.07	77.96	2.71	1.46	12.22	11.30
大洞砾石-4	75.85	78.49	3.30	1.76	12.10	10.72
大洞砾石-5	77.47	78.27	2.13	1.62	11.64	11.27
大洞砾石-6	78.49	78.99	1.67	1.49	10.94	10.56
大洞砾石-7	78.07	78.38	1.94	1.75	11.09	10.65
大洞砾石-8	75.64	77.46	3.52	2.09	12.37	11.25
大洞砾石-9	77.72	77.66	1.72	1.69	11.32	11.24
大洞石器-1	74.66	75.88	2.59	1.81	13.51	13.00
大洞石器-3	76.9	76.95	1.77	1.72	11.93	12.90
大洞石器-4	76.08	77.75	2.68	1.55	12.29	11.69
平均值	76.50	77.73	2.53	1.74	12.07	11.50

我们分别对黑曜岩砾石原料和石器风化层和非风化层SiO_2、Fe_2O_3、Al_2O_3含量作柱形对比图（见附图4-7～4-9），从图中可以看出，无论是黑曜岩砾石原料还是黑曜岩制品，其风化层与非风化层大都呈现出相同的变化规律，就是风化层比非风化层铝、铁的含量高，而硅的含量减少，也就是富铝、铁而贫硅，这是由于黑曜岩的风化过程中在弱酸性介质作用下Si比Fe、Al先流失，而Al在Al浓度较高的中到弱酸溶液中富集，说明大洞遗址中黑曜岩所经历的风化环境是呈弱酸性的。

本研究首次从考古遗址中黑曜岩样品的化学实验数据论证其经历的风化环境特点，其结论丰富了相关课题研究的内涵，有助于加深对东北地区旧石器研究工作的理解。吉林省旧石器时代遗址通常少有骨化石发现，有学者推测是因为在酸性环境下人和动物的遗骨很难保存下来，对此本书提供了一定的科学依据。

本研究成果的应用：在LA-ICP-AES检测一件风化层（石皮）较厚的样品安图立新-3时，应用激光在同一位置剥蚀两次的方法得到了两组数据（见表4-5），第一组数据安图立新3-1为第一次剥蚀，第二组数据安图立新3-2为第二次剥蚀，其主次量元素中的SiO_2、Fe_2O_3、Al_2O_3呈现出与大洞遗址风化层和非风化层一致的变化规律，这不仅说明这件样品经历的风化环境与大洞遗址黑曜岩一样，还表明激光第一次剥蚀处为风化层，第二次剥蚀处为非风化层，为我们最终选择能够真实反映黑曜岩本体信息的取样位置和数据提供了理论依据。

表4–5　LA–ICP–AES检测安图立新黑曜岩样品风化层处激光剥蚀两次测量数据

样品-剥蚀次数	位置	SiO_2	Na_2O	MgO	CaO	Fe_2O_3	Al_2O_3	K_2O
安图立新3-1	风化层	77.00	3.56	0.30	0.45	2.45	12.13	4.11
安图立新3-2	非风化层	78.10	3.79	0.16	0.42	1.85	11.22	4.45

在对各遗址黑曜岩制品化学特征进行总结分组过程中（详见第五章），我们发现A组样品多含杂质，为了确证杂质的组成，我们选择3件A组样品使用北京大学考古文博学院科技考古实验室XGT-7000能量色散X射线荧光光谱显微镜（简称XGT）分别在样品基体和杂质位置定点无损检测，结果见表4-6。可以看出，所有杂质位置的Al、Fe都比基体高而Si减少，与我们对大洞石器风化层和非风化层化学特征规律的研究成果一致，说明这些杂质都是风化产物，显示A组样品的风化程度比B组样品高，所以质地差。

表4–6　ED–XRF检测A组黑曜岩基体和杂质成分（%）

样品编号	SiO_2	Al_2O_3	Na_2O	MgO	CaO	Fe_2O_3	K_2O	TiO_2
安图立新-3基体	73.17	14.87	3.13	0.70	1.06	1.99	4.51	0.20
安图立新-3杂质	69.59	15.42	1.45	1.95	2.57	3.06	4.15	0.41
安图立新-4基体	71.98	13.63	5.85	0.79	0.61	1.52	4.99	0.11
安图立新-4杂质	67.00	19.92	1.96	1.89	0.74	2.30	4.45	0.41
珲春北山-1基体	75.56	12.79	4.00	0.46	0.60	1.59	4.83	0.10
珲春北山-1杂质	67.20	18.47	1.54	1.80	0.99	3.68	4.89	0.41
珲春北山-2基体	74.37	13.09	4.60	0.48	0.65	1.67	4.92	0.13
珲春北山-2杂质	73.99	13.89	1.19	1.80	0.90	2.25	4.21	0.53

第五节　LA-ICP-AES检测同一遗址不同地层和发掘区域黑曜岩化学元素差异及相关的p-XRF分组情况研究——以石人沟遗址为例

为了考察不同地层和发掘区域（见图4-1）的黑曜岩制品的化学元素含量差

别，我们在和龙石人沟遗址采样时有意选取不同地层（3层：005、047、013；4层：014、006、010、007）、不同发掘区域（B区：014、006、010、047、013；D区：007；E区：005）的样品进行LA-ICP-AES测定，以相近的数量级分组作折线图（见附图4-10），并将两批样品共13件（SRG-3为A组，其余为B组）按照实验编号（p-XRF）、发掘区、样品号、地层顺序详细标注作Ba/Mn-Zr散点图（见附图3-14）。

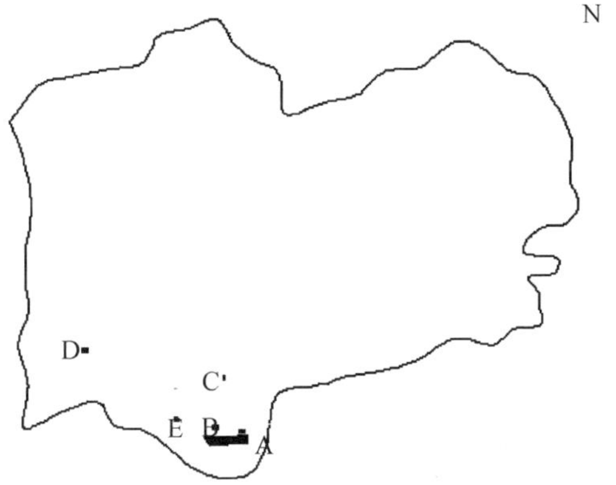

图4-1 和龙石人沟遗址发掘区位图[5]

在折线图中和龙石人沟的七件样品在p-XRF检测中全部归为B组，可以看出，不同地层、不同发掘区域中的这七件同组样品各元素值及元素对比值整体变化趋势一致，主次量和微量元素及元素对比值几乎相同，微量元素Ba和Ti略有差别。由此我们可以得出结论，在同一个遗址的不同发掘区域及不同地层中，同组的黑曜岩制品的化学元素特征基本一致。

在LA-ICP-AES检测石人沟遗址黑曜岩制品Ba/Mn-Zr散点图中可以直观地看出，在同一遗址，同组的黑曜岩制品微量元素Ba、Mn、Zr在地层和区域上没有明显的差别，但不同组的黑曜岩制品分开较远，由此说明，p-XRF分组与LA-ICP-AES检测结果吻合，且p-XRF分组只与黑曜岩的微量元素特征有关，而不受遗址不同发掘区域以及不同地层的影响，说明分组具有一定的客观性。

注　释

[1] 陈全家、王春雪：《东北地区近几年旧石器考古的新发现与研究》，《考古学研究》（七），科学出版社，2008年。

[2] 刘爽、吴小红、陈全家：《黑曜岩风化层与非风化层化学成分变化与风化环境》，《边疆考古研究》（第11辑），科学出版社，2012年，第383～387页。

[3] 张秉良：《长白山天池火山玻璃和长石微观特征研究》，《地震地质》2006年第28

卷第3期，第351～357页。
[4] 刘爽、吴小红、陈全家：《黑曜岩的考古学研究概述》，《边疆考古研究》（第8辑），科学出版社，2009年，第301～308页。
[5] 吉林大学边疆考古研究中心方启博士绘制。

第五章　p-XRF检测结果与分析

第一节　p-XRF检测样品

便携X射线荧光（p-XRF）以其方便无损检测的主要优势使建立大样本数据库成为可能。我们使用北京大学考古文博学院科技考古实验室的p-XRF首先检测了LA-ICP-AES测试过的所有样品；其次在发掘单位吉林大学检测了各个遗址黑曜岩制品：在样本数量较小的遗址进行全样本检测，在样本数量较多的遗址如和龙大洞遗址选择大部分特征突出有代表性的样品；加上来自朝鲜、日本、美国、土耳其的参照样本共计检测黑曜岩941件。

第二节　p-XRF检测结果与分组

我们知道p-XRF 检测的重金属微量元素Zr、Sr、Rb不受样品表面形状的影响，Zr、Sr、Rb地域指征作用明显，应用p-XRF检测的Zr、Sr、Rb可以成功对黑曜岩进行判源[1]。在第三章研究方法可行性分析中，Zr、Sr、Rb测试结果及比值Zr/Sr、Rb/Sr标准偏差较小，数据稳定，因此，本书选择这三种元素作为主要判源元素，对每个遗址的黑曜岩样品进行特征总结，为化繁为简便于考察，并为进一步的不同方法或不同实验室间数值比较奠定基础（关于判源元素的选择及元素对比值法的讨论详见第八章），重点考察元素对比值 Zr/Sr、Rb/Sr值，发现中国东北地区黑曜岩制品的Zr/Sr、Rb/Sr值存在明显的分组规律，我们将数据主要在1～10间的样品定为A组；在11～25间定为 B组；在26～50间定为C组，其余为D组。对于介于临界值的数据，处理方法主要遵循四舍五入的原则，由于处于临界值的样品极少，不影响对东北黑曜岩的整体规律的把握。特殊数据参照具体的Zr、Sr、Rb值进行综合分析。C、D组样品数量为数甚少，或可合称为“特殊值”组。

一、和龙大洞遗址[2]

遗址位于红旗河汇入图们江的河口地带，沿红旗河右岸和图们江左岸的狭长地带分布。2007年8～9月，对该遗址进行了调查和试掘，获得石器4389件，石器包含在第1～5层中，主要集中在第1、3、4层中。另外在该遗址采集石器5752件，与发掘的石器面貌基本相同。原料以黑曜岩占绝对优势。剥片以间接法剥片为主，存在砸击法。工具以雕刻器为主，端刮器次之，琢背刀、凹缺器等其他类型的工具数量不多。工具修理以正向加工为主，通体修理者数量不多。

我们检测了大洞遗址553件黑曜岩样品，根据以上分组原则进行分组，实验数据及分组结果见书后附表。

经过计算得出如下结论：在大洞遗址黑曜岩样品中，A组 167件，占30.20%；B组372件，占67.27%；C组8件，占1.45%；D组6件，占1.08%。可以看出，在大洞遗址，Zr/Sr、Rb/Sr值在11～25间的B组样品占绝大多数，几为A组的2倍强，此组黑曜岩制品质地均匀，黝黑光亮，是优质石器原料。A组约占测定样品的三分之一，样品质地稍次，有杂质，质感差。其余极少数为C组和D组，只有14件，仅占总数的2.53%。

由于样品是随机选取，以上规律可以视为和龙大洞遗址黑曜岩制品主要判源元素Zr、Sr、Rb的化学特征规律[3]。

为了便于比较A组与B组的差别，我们列出大洞遗址前151件样品A组与B组的最大值、最小值和平均值，见表5-1。

表5-1　p-XRF检测大洞遗址前151件样品A与B组最大值、最小值和平均值

A、B组比较	Zr	Sr	Rb	Zn	Mn	Ti	Th	Fe_2O_3	CaO	K_2O	Zr/Sr	Rb/Sr	Zr/Rb
A组最大值	336	41	272	113	311	5565	41	0.98	0.88	5.13	11.29	8.91	1.53
B组最大值	343	27	284	122	365	8558	42	1.11	0.54	5.75	28.84	25.75	1.44
A组最小值	271	26	204	68	188	175	28	0.64	0.07	0.91	7.49	5.00	1.20
B组最小值	211	12	146	68	110	55	17	0.34	0.02	0.21	12.70	9.58	1.13
A组平均值	299	32	223	88	242	1779	33	0.77	0.29	3.66	9.46	7.08	1.34
B组平均值	290	17	241	99	234	1484	35	0.76	0.24	3.34	17.78	14.79	1.21

可以看出，在A组和B组间，Sr的作用比较显著，A组Sr值几乎是B组的2倍，在26～41间变化，平均值为32；B组Sr值在12～27间变化，平均值为17；Sr值小于10，多为C、D组。

二、安图立新遗址

遗址位于吉林延边地区安图县永庆乡立新村东北方向约2千米的坡地上。2006年，对该遗址进行了调查和试掘，地层堆积共分3层，石器出于第2层的粉砂质黄土层内。共获石器71件。原料以流纹岩为主，其次为黑曜岩、石英岩、石英和砂岩。除黑曜岩外，大多数标本皆保留有砾石面，磨圆度好，取材于附近的河漫滩。剥片技术包括锤击法为主，砸击法次之。从一些石片台面的特征分析，存在少量修理台面的标本。工具存在锤击和砸击石锤。第3类工具以大型为主，包括刮削器、尖状器、手斧、砍砸器，其中后者数量最多。工具毛坯以砾石为主，其次为少量的断块和石片等。工具修理采用锤击法和压制法。修理方式以复向加工为主，其次为单向加工，另有少量通体加工。

选择4件黑曜岩样品进行检测分析，分为两组，A组2件，B组2件，分别占总数的50%（表5-2）。

表5-2　p-XRF检测安图立新黑曜岩主要判源元素Zr、Sr、Rb元素对比值及分组情况

谱号	样品	遗址	Zr	Sr	Rb	Zr/Sr	Rb/Sr	分组
523	AL-1	安图立新	305	16	258	19.13	16.21	B
524	AL-2	安图立新	297	16	251	19.14	16.17	B
525	AL-3	安图立新	311	31	245	10.18	8.03	A
526	AL-4	安图立新	326	38	240	8.65	6.36	A

三、珲春北山

该地点位于珲春市西南郊的北山台地上，2002年对其进行小面积试掘，地层堆积共分为3层，最厚处可达34厘米，石器主要发现于第2层的黄色亚黏土层内。共获石器52件，原料以黑曜岩为主，流纹岩、脉石英、角页岩及凝灰岩较少。剥片技术主要有锤击法，也有砸击法；同时，石叶的出现表明存在间接剥片技术。石器主要为小型。工具毛坯以石片为主，石叶次之。工具类型以刮削器为主，尖状器、矛形器较少。工具修理以压制法为主，锤击、砸击修理较少。修理方式有正向、双面、反向、错向加工等。

选择23件黑曜岩样品检测，分为两组，A组7件，占30.43%；B组16件，占69.57%（表5-3）。

表5-3　p-XRF检测珲春北山黑曜岩主要判源元素Zr、Sr、Rb元素对比值及分组情况

谱号	样品	遗址	Zr	Sr	Rb	Zr/Sr	Rb/Sr	分组
528	HB-1	珲春北山	310	35	230	8.87	6.56	A
529	HB-2	珲春北山	334	37	266	9.13	7.29	A
530	HB-3	珲春北山	348	22	306	15.73	13.84	B
531	HB-4	珲春北山	324	25	276	13.06	11.12	B
532	HB-5	珲春北山	328	18	283	18.10	15.62	B
533	HB-6	珲春北山	308	16	259	19.32	16.27	B
1454	HBP.0213	珲春北山	293	14	247	20.52	17.29	B
1455	HBP.0209	珲春北山	304	19	260	16.16	13.85	B
1456	HBP.0220	珲春北山	298	19	245	15.96	13.12	B
1457	HBP.0227	珲春北山	312	39	216	8.04	5.55	A
1458	HBP.0228*	珲春北山	87	14	98	6.12	6.87	A*
1459	HBP.0215	珲春北山	301	18	246	16.62	13.59	B
1460	HBP.0232	珲春北山	289	14	241	20.33	16.98	B
1461	HBP.0206*	珲春北山	83	13	93	6.17	6.92	A*
1462	HBP.0205	珲春北山	293	24	239	12.32	10.06	B
1463	HBP.0219	珲春北山	315	17	272	18.22	15.69	B
1464	HBP.0208	珲春北山	296	14	252	20.66	17.62	B
1465	HBP.0211	珲春北山	273	14	225	19.42	15.95	B
1466	HBP.	珲春北山	304	33	225	9.31	6.88	A
1467	HBP.0221	珲春北山	299	20	244	15.29	12.49	B
1468	HBP.0226	珲春北山	294	19	243	15.89	13.11	B
1469	HBP.0207	珲春北山	280	13	242	22.19	19.18	B
1470	HBP.0212	珲春北山	297	30	223	9.80	7.37	A

* 珲春北山A组两件样品0228和0206的 Zr（～85）、Sr（～13）、Rb（～95）与A组其他样品Zr（～300）、Sr（～30）、Rb（～220）不同，可能有其他来源。

四、抚松新屯西山遗址

遗址位于吉林省抚松县新屯子镇的西山上。2002年9月，出该地点进行了抢救性试掘。试掘面积70平方米。堆积共分为3层，在第2层的黄色亚黏土层中发现了一处用石块围成的椭圆形居住址，石器30件。原料均为黑曜岩，主要有石叶石核、石叶和锤击石片。

选择19件样品检测，其中一件重达17.4千克的大石核，断为两部分，算作一件样品。分为两组，A组13件，占68.42%；B组6件，占31.58%（表5-4～5-6）。

表5-4　p-XRF检测抚松西山黑曜岩主要判源元素Zr、Sr、Rb元素对比值及分组情况

谱号	样品	遗址	Zr	Sr	Rb	Zr/Sr	Rb/Sr	分组
1500	09JZXS	抚松西山	289	19	236	14.91	12.18	B
1501	02FXPF1：23	抚松西山	303	31	234	9.87	7.61	A
1502	02FXPF1：12	抚松西山	298	30	233	9.96	7.78	A
1503	02FXPF1：25	抚松西山	282	33	219	8.61	6.67	A
1504	02FXPF1：21	抚松西山	281	25	215	11.31	8.64	A
1507	02FXPF1：6	抚松西山	315	32	239	9.83	7.45	A
1508	02FXPF1：2	抚松西山	292	28	224	10.57	8.11	A
1509	02FXPF1：1	抚松西山	307	31	238	9.89	7.64	A

表5-5　p-XRF检测抚松西山小石片*主要判源元素Zr、Sr、Rb元素对比值及分组情况

谱号	样品	遗址	Zr	Sr	Rb	Zr/Sr	Rb/Sr	分组
654	FX-BD-1	抚松西山	337	16	297	20.97	18.48	B
655	FX-BD-2	抚松西山	365	39	287	9.42	7.42	A
656	FX-BD-3	抚松西山	354	38	299	9.25	7.81	A
657	FX-BD-4	抚松西山	360	41	303	8.85	7.44	A
658	FX-BD-5	抚松西山	314	16	267	19.45	16.54	B
662	FX-BD-6	抚松西山	328	19	287	17.51	15.34	B
664	FX-BD-7	抚松西山	333	20	326	16.78	16.42	B
665	FX-BD-8	抚松西山	309	34	264	9.20	7.85	A
666	FX-BD-9	抚松西山	343	36	274	9.45	7.53	A
669	FX-BD-10	抚松西山	317	38	263	8.42	7.00	A

*此十件样品同时在北京大学作LA-ICP-AES。其中石圈中出土样品5件，探方中样品1件，两件无号样品发掘者怀疑从大石核上剥落。p-XRF测试结果显示：10件样品中，A组6件，占60%；B组4件，占40%。无号样品分属A、B两组，也即意味着分属不同的石核（此结果经ED-XRF检测验证）。表明遗址中打制石器的石核不只一件，应该还有另外的石核，LA-ICP-AES检测主成分分析结果与此结论一致（详见第八章）。

表5-6 p-XRF检测抚松西山大石核*主要判源元素Zr、Sr、Rb元素对比值及分组情况

谱号	样品	遗址	Zr	Sr	Rb	Zr/Sr	Rb/Sr	分组
1446	大石核点1	抚松西山	282	16	236	17.98	15.04	B
1447	大石核点2	抚松西山	267	15	220	17.60	14.51	B
1448	大石核点3	抚松西山	270	15	228	18.23	15.36	B
1449	大石核点4	抚松西山	289	17	241	17.34	14.44	B
1451	大石核点5	抚松西山	278	20	232	13.90	11.62	B
1452	大石核点6	抚松西山	282	23	226	12.17	9.75	B

*在大石核不同部位分别取点进行p-XRF检测，得到六个数据，全部为B组。该大石核出土时，周围有碎片散落，共约30件，疑为从石核上打下来的石片，其中10件检测结果证明石片样品分属A、B两组，由此说明，这10件小石片不全属于此大石核，其中B组4件应该是从该石核上剥落的，其余6件A组样品有另外的来源。

五、安图沙金沟遗址

遗址位于安图县城（明月镇）西南约45千米的松江镇沙金沟村的北山上。2006年对该遗址进行了调查和试掘，堆积共分4层，石器出土于第2层的含角砾的黄色亚黏土层内。共获石器82件。原料以黑曜岩为主，石英、石英岩、燧石等较少。剥片技术包括锤击法和间接剥片法。工具包括刮削器、尖状器、雕刻器、砍砸器等，工具毛坯以片状为主，修理方法有锤击法和压制修理。

选择22件样品检测，分为三组，A组10件，占45.45%；B组11件，占50.00%；C组1件，占4.55%（表5-7）。

表5-7 p-XRF检测安图沙金沟黑曜岩主要判源元素Zr、Sr、Rb元素对比值及分组情况

谱号	样品	遗址	Zr	Sr	Rb	Zr/Sr	Rb/Sr	分组
540	AS-1	安图沙金沟	318	20	262	16.01	13.17	B
541	AS-2	安图沙金沟	343	38	269	9.10	7.14	A
542	AS-3	安图沙金沟	308	7	269	42.50	37.04	C
543	AS-4	安图沙金沟	340	42	246	8.07	5.84	A
544	AS-5	安图沙金沟	343	37	261	9.18	6.99	A
545	AS-6	安图沙金沟	300	18	249	16.39	13.61	B
546	AS-7	安图沙金沟	303	34	228	8.97	6.77	A
547	AS-8	安图沙金沟	300	39	204	7.62	5.19	A
1329	06AS.C7	安图沙金沟	291	28	215	10.47	7.71	A

续表

谱号	样品	遗址	Zr	Sr	Rb	Zr/Sr	Rb/Sr	分组
1330	06AS.C36	安图沙金沟	296	19	243	15.20	12.49	B
1331	06AS.C43	安图沙金沟	322	40	216	8.06	5.42	A
1332	06AS.C14	安图沙金沟	294	21	244	14.32	11.88	B
1333	06AS.C32	安图沙金沟	297	14	253	20.64	17.56	B
1334	06AS.C47	安图沙金沟	296	21	249	14.39	12.10	B
1335	06AS.C10	安图沙金沟	295	21	236	14.34	11.48	B
1336	06AS.C11	安图沙金沟	288	16	241	18.45	15.43	B
1337	06AS.C12	安图沙金沟	293	19	245	15.55	13.01	B
1338	06AS.C4	安图沙金沟	302	28	239	10.83	8.56	A
1340	06AS.C14	安图沙金沟	296	21	244	14.01	11.54	B
1341	06AS.C6	安图沙金沟	284	14	235	19.95	16.47	B
1444	06ASC:5	安图沙金沟	313	35	215	9.03	6.22	A
1445	06ASC:63	安图沙金沟	321	38	214	8.54	5.70	A

六、安图松江古城堡

选择11件样品检测，分为两组，A组2件，占18.18%；B组9件，占81.82%（表5-8）。

表5-8　p-XRF检测安图松江古城堡黑曜岩判源元素Zr、Sr、Rb元素对比值及分组情况

谱号	样品	遗址	Zr	Sr	Rb	Zr/Sr	Rb/Sr	分组
1517	ASG-1	安图松江古城堡	292	16	253	18.41	15.98	B
1518	ASG-2	安图松江古城堡	289	15	246	19.50	16.61	B
1519	ASG-3	安图松江古城堡	300	35	206	8.64	5.92	A
1520	ASG-4	安图松江古城堡	332	17	293	20.12	17.77	B
1521	ASG-5	安图松江古城堡	307	16	259	19.30	16.30	B
1522	ASG-6	安图松江古城堡	288	13	246	21.87	18.71	B
1523	ASG-7	安图松江古城堡	302	29	237	10.30	8.07	A
1524	ASG-8	安图松江古城堡	287	14	243	20.18	17.10	B
1525	ASG-9	安图松江古城堡	295	14	247	21.84	18.26	B
1526	ASG-10	安图松江古城堡	285	17	242	17.06	14.51	B
1527	ASG-11	安图松江古城堡	290	16	252	18.68	16.26	B

七、和龙西沟遗址

遗址位于吉林南岗山与英额岭之间的和龙市西沟村西南，处于高出水面约50米的IV侵蚀阶地上。共获石器102件。原料以黑曜岩为主，凝灰岩、石英岩次之，其他原料较少。剥片技术主要为锤击法，偶有砸击法。工具毛坯以石片为主。器形多样，主要包括石锤、刮削器、砍砸器、雕刻器、锛形器等。其中，刮削器为主要工具类型。修理方式以正向加工为主，其次为反向加工。石器以小型和微型为主，少量中型和个别大型。

选择29件样品检测，分为两组，A组14件，占48.28%；B组15件，占51.72%（表5-9）。

表5-9　p-XRF检测和龙西沟黑曜岩主要判源元素Zr、Sr、Rb元素对比值及分组情况

谱号	样品	遗址	Zr	Sr	Rb	Zr/Sr	Rb/Sr	分组
549	HX-1	和龙西沟	313	16	245	20.22	15.82	B
550	HX-2	和龙西沟	298	32	222	9.38	6.99	A
551	HX-3	和龙西沟	315	21	269	15.35	13.09	B
552	HX-4	和龙西沟	306	20	253	15.00	12.39	B
553	HX-5	和龙西沟	312	22	260	14.43	12.01	B
554	HX-6	和龙西沟	308	37	206	8.21	5.51	A
555	HX-7	和龙西沟	288	15	243	19.83	16.76	B
556	HX-8	和龙西沟	293	21	234	13.88	11.11	B
557	HX-9	和龙西沟	315	33	249	9.45	7.46	A
558	HX-10	和龙西沟	310	18	263	17.30	14.65	B
1404	06HX.C：36	和龙西沟	295	41	202	7.15	4.90	A
1405	06HX.C：39	和龙西沟	297	29	233	10.23	8.00	A
1406	06HX.C：35	和龙西沟	293	38	204	7.78	5.42	A
1407	06HX.C：46	和龙西沟	299	21	254	14.16	12.02	B
1408	06HX.C：52	和龙西沟	288	31	228	9.42	7.45	A
1409	06HX.C：76	和龙西沟	309	33	240	9.32	7.23	A
1410	06HX.C：68	和龙西沟	343	20	308	16.95	15.21	B

续表

谱号	样品	遗址	Zr	Sr	Rb	Zr/Sr	Rb/Sr	分组
1411	06HX.C：61	和龙西沟	295	18	243	16.10	13.26	B
1412	06HX.C：57	和龙西沟	304	34	231	8.84	6.70	A
1413	06HX.C：59	和龙西沟	285	22	240	13.27	11.17	B
1414	06HX.C：64	和龙西沟	311	37	206	8.32	5.53	A
1415	06HX.C：49	和龙西沟	300	19	246	15.42	12.68	B
1416	06HX.C：62	和龙西沟	302	15	253	20.06	16.80	B
1417	06HX.C：85	和龙西沟	298	31	224	9.75	7.30	A
1418	06HX.C：54	和龙西沟	315	31	224	10.27	7.32	A
1419	06HX.C：53	和龙西沟	306	32	230	9.44	7.09	A
1420	06HX.C：80	和龙西沟	280	15	228	18.23	14.85	B
1421	06HX.C：66	和龙西沟	295	20	244	14.48	11.95	B
1423	06HX.C：40	和龙西沟	294	40	212	7.41	5.35	A

八、和龙亚洞

选择7件样品检测，分为两组，A组2件，占28.57%；B组5件，占71.43%（表5-10）。

表5-10 p-XRF检测和龙亚洞黑曜岩主要判源元素Zr、Sr、Rb元素对比值及分组情况

谱号	样品	遗址	Zr	Sr	Rb	Zr/Sr	Rb/Sr	分组
1510	HY-1	和龙亚洞	306	30	222	10.09	7.34	A
1511	HY-2	和龙亚洞	292	13	251	21.97	18.85	B
1512	HY-3	和龙亚洞	309	15	266	20.10	17.31	B
1513	HY-4	和龙亚洞	302	18	252	17.21	14.33	B
1514	HY-5	和龙亚洞	309	32	236	9.80	7.48	A
1515	HY-6	和龙亚洞	299	21	243	14.17	11.55	B
1516	HY-7	和龙亚洞	299	16	243	18.77	15.25	B

九、和龙青头遗址

遗址位于和龙县龙城镇青头村北。2006年，对其进行了调查和小面积试掘，堆积共分4层，最厚处达90厘米，石器出土于第2层的黄褐色亚黏土层内。共获石器216件。原料以黑曜岩为主，石英、安山岩、变质页岩较少。剥片技术主要为锤击法，也存在碰砧法和间接剥片法。工具毛坯以石片为主。器形多样，包括刮削器、尖刃器、石镞、琢背小刀、砍砸器，其中刮削器数量最多。工具修理采用锤击法和压制法。修理方式以正向加工为主，复向加工次之。

选择60件样品检测，分为两组，A组2件，占3.33%；B组58件，占96.67%（表5-11）。

表5-11　p-XRF检测和龙青头黑曜岩主要判源元素Zr、Sr、Rb元素对比值及分组情况

谱号	样品	遗址	Zr	Sr	Rb	Zr/Sr	Rb/Sr	分组
560	HQ-1	和龙青头	295	14	246	20.46	17.07	B
561	HQ-2	和龙青头	293	15	250	19.76	16.88	B
562	HQ-3	和龙青头	296	17	261	17.74	15.62	B
563	HQ-4	和龙青头	327	17	277	19.52	16.57	B
564	HQ-5	和龙青头	366	23	333	16.14	14.71	B
565	HQ-6	和龙青头	331	18	276	18.49	15.45	B
1343	06HQ.C：16	和龙青头	281	14	235	20.57	17.21	B
1344	06HQ.C：65	和龙青头	294	16	241	18.22	14.94	B
1345	06HQ.C：24	和龙青头	280	16	245	17.69	15.48	B
1346	06HQ.C：28	和龙青头	276	14	239	19.40	16.82	B
1347	06HQ.C：35	和龙青头	299	15	248	19.41	16.10	B
1348	06HQ.C：10	和龙青头	291	15	246	19.72	16.69	B
1349	06HQ.C：40	和龙青头	297	18	259	16.93	14.74	B
1350	06HQ.C：20	和龙青头	280	15	238	18.12	15.43	B
1351	06HQ.C：64	和龙青头	294	21	245	13.92	11.58	B
1353	06HQ.C：34	和龙青头	296	14	256	20.59	17.82	B
1356	06HQ.C：21	和龙青头	281	14	241	19.55	16.76	B
1357	06HQ.C：45	和龙青头	302	16	257	18.93	16.15	B
1358	06HQ.C：14	和龙青头	288	16	249	18.00	15.57	B

续表

谱号	样品	遗址	Zr	Sr	Rb	Zr/Sr	Rb/Sr	分组
1359	06HQ.C：44	和龙青头	295	16	243	18.20	15.00	B
1360	06HQ.C：70	和龙青头	285	13	243	21.36	18.28	B
1361	06HQ.C：61	和龙青头	289	34	206	8.51	6.07	A
1362	06HQ.C：33	和龙青头	322	17	288	19.27	17.23	B
1363	06HQ.C：94	和龙青头	295	15	245	19.51	16.22	B
1364	06HQ.C：48	和龙青头	289	17	251	16.84	14.59	B
1365	06HQ.C：71	和龙青头	284	14	247	20.93	18.14	B
1366	06HQ.C：32	和龙青头	300	17	262	18.13	15.88	B
1367	06HQ.C：25	和龙青头	286	15	245	19.43	16.68	B
1369	06HQ.C：27	和龙青头	278	14	238	19.22	16.46	B
1370	06HQ.C：31	和龙青头	287	14	242	20.12	16.96	B
1371	06HQ.C：53	和龙青头	293	14	238	20.58	16.66	B
1372	06HQ.C：64	和龙青头	298	21	252	13.95	11.81	B
1373	06HQ.C：56	和龙青头	292	15	251	18.96	16.27	B
1374	06HQ.C：43	和龙青头	289	16	252	17.91	15.65	B
1375	06HQ.C：80	和龙青头	295	14	245	21.24	17.64	B
1376	06HQ.C：62	和龙青头	298	20	246	15.01	12.41	B
1377	06HQ.C：57	和龙青头	289	14	244	20.14	16.99	B
1378	06HQ.C：5	和龙青头	279	16	239	17.34	14.83	B
1379	06HQ.C：46	和龙青头	282	16	230	18.16	14.77	B
1380	06HQ.C：18	和龙青头	293	14	247	20.35	17.14	B
1381	06HQ.C：53	和龙青头	303	14	252	21.25	17.68	B
1382	06HQ.C：36	和龙青头	289	14	249	20.84	17.98	B
1383	06HQ.C：3	和龙青头	288	16	241	18.29	15.29	B
1384	06HQ.C：49	和龙青头	296	14	249	20.63	17.37	B
1385	06HQ.C：74	和龙青头	297	14	257	20.62	17.80	B
1386	06HQ.C：113	和龙青头	301	16	257	18.49	15.82	B
1387	06HQ.C：88	和龙青头	297	28	239	10.53	8.44	A
1388	06HQ.C：90	和龙青头	290	16	255	18.01	15.82	B
1389	06HQ.C：11	和龙青头	295	16	251	18.07	15.40	B
1390	06HQ.C：81	和龙青头	305	16	263	19.09	16.48	B
1391	06HQ.C：12	和龙青头	289	16	239	18.58	15.32	B

续表

谱号	样品	遗址	Zr	Sr	Rb	Zr/Sr	Rb/Sr	分组
1392	06HQ.C：35	和龙青头	296	13	249	22.90	19.23	B
1393	06HQ.C：55	和龙青头	302	16	262	19.34	16.78	B
1396	06HQ.C：101	和龙青头	292	15	245	19.55	16.37	B
1397	06HQ.C：102	和龙青头	298	15	256	20.24	17.41	B
1398	06HQ.C：106	和龙青头	309	15	274	20.55	18.29	B
1400	06HQ.T4②：6	和龙青头	305	15	255	20.52	17.15	B
1401	06HQ.C：104	和龙青头	294	15	252	19.63	16.85	B
1402	06HQ.C：6	和龙青头	285	16	245	18.14	15.62	B
1403	06HQ.C：7	和龙青头	282	16	242	17.98	15.43	B

十、和龙石人沟遗址

和龙石人沟遗址位于吉林和龙县龙城镇石人村的西山上。2004年和2005年分别对其进行调查和试掘，试掘面积52平方米，堆积厚度可达1.55米，文化遗物主要分布在砂质黄土夹角砾层。共获石器1331件。原料以黑曜岩为主，多为打片和加工石器过程中产生的石片、断块、碎屑等。剥片技术除了锤击法、砸击法外，还使用了间接剥片技术。石核除锤击石核外，出现了楔形细石叶石核，并且出现了石叶与细石叶共存的现象，二者多保留中段，用来作为复合工具的镶嵌刃部。工具以各类刮削器为主，尖状器、雕刻器、琢背小刀及钻等数量次之。工具加工以锤击法为主，其中软锤修理占有较大比例，出现了压制修理，修理方式以单向的正向加工为主，反向加工次之，复向、错向、两面和对向加工较少。工具以小型为主，微型、中型也占一定比例，大型不见。个体间变异较小。整个器形加工规整，大部分工具小而精致。总体来说，该遗址的石器个体小，形态变异较小，加工精致，原料的使用呈现利用率高的现象。

选择32件样品检测，分为三组，A组6件，占18.75%；B组24件，占75.00%；C组2件，占6.25%（表5-12）。

表5-12　p-XRF检测和龙石人沟黑曜岩主要判源元素Zr、Sr、Rb元素对比值及分组情况

谱号	样品	遗址	Zr	Sr	Rb	Zr/Sr	Rb/Sr	分组
567	HSRG-1	和龙石人沟	287	15	235	19.17	15.74	B
568	HSRG-2	和龙石人沟	285	18	241	16.26	13.72	B

续表

谱号	样品	遗址	Zr	Sr	Rb	Zr/Sr	Rb/Sr	分组
569	HSRG-3	和龙石人沟	324	33	258	9.92	7.91	A
570	HSRG-4	和龙石人沟	305	17	252	18.02	14.85	B
571	HSRG-5	和龙石人沟	333	22	280	14.88	12.52	B
572	HSRG-6	和龙石人沟	303	17	254	17.86	14.96	B
574	HSRG-7	和龙石人沟	313	16	262	19.58	16.36	B
575	HSRG-8	和龙石人沟	300	20	252	14.94	12.53	B
576	HSRG-9	和龙石人沟	318	21	266	14.83	12.40	B
577	HSRG-10	和龙石人沟	300	21	245	14.17	11.57	B
578	HSRG-11	和龙石人沟	294	12	245	23.97	20.00	B
579	HSRG-12	和龙石人沟	315	18	267	17.37	14.73	B
580	HSRG-13	和龙石人沟	301	19	250	15.82	13.15	B
1427	05SRGATsp51③：01	和龙石人沟	296	16	249	18.81	15.81	B
1428	05SPG.ET5250②：001	和龙石人沟	292	20	234	14.40	11.55	B
1429	05SPG.ET5050③：003	和龙石人沟	295	32	218	9.13	6.74	A
1430	05SPGB.T5153④：004	和龙石人沟	297	19	238	15.27	12.26	B
1431	05SPG.DT5220③：004	和龙石人沟	307	17	257	18.14	15.22	B
1432	05SPGE：T5151③：004	和龙石人沟	288	19	235	14.99	12.25	B
1434	05SPGBT5052③：010	和龙石人沟	280	16	235	17.48	14.64	B
1435	05SPG.C：02	和龙石人沟	280	17	234	16.69	13.94	B
1437	05SPG.C：03	和龙石人沟	290	18	241	16.53	13.72	B
1439	05SPG.DT5352③：016	和龙石人沟	331	38	236	8.80	6.28	A
1440	05SPG.DT5053③：009	和龙石人沟	304	17	256	17.63	14.85	B
1441	05SPG.DT5053③：002	和龙石人沟	302	16	251	18.57	15.42	B
1442	05SPG.ET5052③：001	和龙石人沟	315	32	243	9.87	7.63	A
1443	05SPG.ET5253③：001	和龙石人沟	296	30	236	10.05	7.99	A
1475	06Als.l：20	和龙石人沟	307	31	226	9.99	7.35	A
1476	06Als.l：19	和龙石人沟	297	15	256	19.95	17.20	B
1477	06Als.l：18	和龙石人沟	291	7	256	42.39	37.20	C
1478	06Als.l：15	和龙石人沟	284	19	225	15.00	11.92	B
1479	06Als.l：13	和龙石人沟	308	8	266	36.91	31.95	C

十一、和龙柳洞遗址

遗址位于吉林省延边自治州和龙市南偏东35千米处的Ⅱ级阶地上。2002年和2004年分别对该遗址进行了调查和小规模试掘，地层堆积厚82厘米，遗物主要出土于第2～4层的黄色亚黏土层内，共获石器231件。原料以黑曜岩占绝对优势。石核包括砸击石核、楔形细石叶石核、锤击石核三类。楔形细石叶石核经过预制加工，修理出有效台面进行剥片，利用率较高。第三类工具以小型为主，中型、大型较少，包括刮削器、雕刻器、尖状器、琢背小刀及砍砸器等，其中刮削器数量最多，最具代表性的器形为圆头刮削器，毛坯以石片为主，石叶、块状毛坯较少。修理主要采用锤击法和压制法。修理方式以正向加工为主，其次为复向加工，反向、对向、交互加工较少。

选择38件样品检测，分为三组，A组10件，占26.32%；B组27件，占71.05%；C组1件，占2.63%（表5-13）。

表5-13　p-XRF检测和龙柳洞黑曜岩主要判源元素Zr、Sr、Rb元素对比值及分组情况

谱号	样品	遗址	Zr	Sr	Rb	Zr/Sr	Rb/Sr	分组
581	HL-1	和龙柳洞	303	15	255	20.33	17.11	B
582	HL-2	和龙柳洞	306	19	245	15.79	12.63	B
583	HL-3	和龙柳洞	300	20	246	15.34	12.53	B
584	HL-4	和龙柳洞	294	16	245	17.85	14.86	B
585	HL-5	和龙柳洞	331	16	285	21.04	18.11	B
586	HL-6	和龙柳洞	287	16	237	18.28	15.05	B
587	HL-7	和龙柳洞	291	17	242	17.51	14.57	B
1293	HL-8	和龙柳洞	292	19	238	15.10	12.30	B
1294	HL-9	和龙柳洞	269	16	227	17.26	14.59	B
1295	HL-10	和龙柳洞	291	16	250	18.58	15.94	B
1296	HLP.c205	和龙柳洞	288	9	246	33.34	28.39	C
1297	HL-12	和龙柳洞	295	17	245	17.33	14.41	B
1298	HLP.227	和龙柳洞	288	16	247	18.45	15.82	B
1300	HL-13	和龙柳洞	280	17	227	16.66	13.49	B
1301	HL-14	和龙柳洞	283	18	240	16.10	13.64	B
1302	HLP.4019	和龙柳洞	310	37	200	8.42	5.44	A
1303	HL-15	和龙柳洞	294	20	245	14.81	12.37	B

续表

谱号	样品	遗址	Zr	Sr	Rb	Zr/Sr	Rb/Sr	分组
1304	HLP.4046	和龙柳洞	295	71	110	4.15	1.54	A
1305	HL-16	和龙柳洞	295	18	240	16.42	13.35	B
1306	HL-17	和龙柳洞	301	20	245	15.25	12.41	B
1307	HL-18	和龙柳洞	280	16	226	17.41	14.05	B
1308	HL-19	和龙柳洞	302	15	249	19.72	16.20	B
1311	HL-20	和龙柳洞	285	16	241	17.80	15.04	B
1312	HL-21	和龙柳洞	295	30	220	9.96	7.42	A
1313	HLP.4068	和龙柳洞	285	48	198	5.94	4.12	A
1314	HL-22	和龙柳洞	327	33	263	9.79	7.88	A
1315	HL-23	和龙柳洞	327	32	223	10.17	6.93	A
1316	HL-24	和龙柳洞	310	18	264	16.90	14.36	B
1318	HL-25	和龙柳洞	300	27	233	11.11	8.63	A
1319	HL-26	和龙柳洞	305	20	252	15.16	12.53	B
1320	HL-27	和龙柳洞	306	33	241	9.34	7.35	A
1321	HL-28	和龙柳洞	297	29	219	10.19	7.51	A
1322	HL-29	和龙柳洞	282	17	237	16.82	14.12	B
1323	HL-30	和龙柳洞	297	17	246	17.23	14.29	B
1324	HL-31	和龙柳洞	281	13	231	21.51	17.69	B
1325	HL-32	和龙柳洞	293	14	247	20.54	17.35	B
1326	HLP.212	和龙柳洞	295	39	202	7.49	5.13	A
1327	HL-33	和龙柳洞	310	21	245	14.80	11.69	B

十二、和龙金子沟

选择10件样品检测，分为两组，A组1件，占10%；B组9件，占90%（表5-14）。

表5-14　p-XRF检测和龙金子沟黑曜岩主要判源元素Zr、Sr、Rb元素对比值及分组情况

谱号	样品	遗址	Zr	Sr	Rb	Zr/Sr	Rb/Sr	分组
1489	07jzG.C.13	和龙金子沟	287	16	237	18.44	15.25	B
1490	07jzG.C.08	和龙金子沟	293	16	245	18.20	15.17	B

续表

谱号	样品	遗址	Zr	Sr	Rb	Zr/Sr	Rb/Sr	分组
1492	07jzG.C.11	和龙金子沟	295	15	247	19.70	16.46	B
1493	07jzG.C.06	和龙金子沟	300	21	250	14.00	11.63	B
1494	07jzG.C.01	和龙金子沟	278	15	235	17.97	15.20	B
1495	07jzG.C.09	和龙金子沟	306	35	206	8.76	5.90	A
1496	07jzG.C.07	和龙金子沟	309	17	258	18.34	15.31	B
1497	07jzG.C.05	和龙金子沟	307	17	255	17.81	14.85	B
1498	07jzG.C.04	和龙金子沟	288	15	239	19.09	15.83	B
1499	07jzG.C.02	和龙金子沟	280	14	239	20.50	17.52	B

十三、海沟金矿

选择1件样品检测为A组，占100%（表5-15）。

表5-15　p-XRF检测海沟金矿黑曜岩主要判源元素Zr、Sr、Rb元素对比值及分组情况

谱号	样品	遗址	Zr	Sr	Rb	Zr/Sr	Rb/Sr	分组
1474	06AHC：8	海沟金矿	317	37	210	8.60	5.70	A

十四、桦甸仙人洞

遗址位于桦甸市西北约23千米的寿山上。1991年发现并进行了调查和试掘[4]，1993年进行正式发掘[5]。报告研究者将该遗址分为上、下两个文化层。其中旧石器时代晚期的上文化层出土石器共计119件，仅一件制作精美的黑曜岩刮削器。

选择2件样品①检测，B组2件，占100%（表5-16）。

① 桦甸仙人洞出土黑曜岩刮削器93HXAT32②p-XRF检测两次；No.1为刮削器上掉落的残片，算作两件样品。此残片作LA-ICP-AES和p-XRF两种分析，刮削器只使用p-XRF测定，测量两次得到两个数据，残片与刮削器同属B组，这是确证为同一件样品上的两个不同部分，表明分组具一定合理性。

表5-16　p-XRF检测桦甸仙人洞黑曜岩主要判源元素Zr、Sr、Rb元素对比值及分组情况

谱号	样品	遗址	Zr	Sr	Rb	Zr/Sr	Rb/Sr	分组
670	No.1	桦甸仙人洞	298	16	249	18.72	15.64	B
1425	T32②：1	桦甸仙人洞	292	14	243	20.77	17.32	B
1426	T32②：1-2	桦甸仙人洞	289	17	242	17.47	14.63	B

十五、抚松东台

选择12件样品检测，分为两组，A组11件，占91.67%；B组1件，占8.33%（表5-17）。

表5-17　p-XRF检测抚松东台黑曜岩主要判源元素Zr、Sr、Rb元素对比值及分组情况

谱号	样品	遗址	Zr	Sr	Rb	Zr/Sr	Rb/Sr	分组
535	FH-1	抚松东台	322	33	256	9.62	7.63	A
536	FH-2	抚松东台	330	34	258	9.61	7.52	A
537	FH-3	抚松东台	362	42	286	8.69	6.85	A
538	FH-4	抚松东台	322	36	260	8.85	7.14	A
1537	07FH：14	抚松东台	301	33	225	8.98	6.73	A
1538	07FH：10	抚松东台	319	33	243	9.61	7.34	A
1539	07FH：09	抚松东台	281	27	213	10.42	7.89	A
1540	07FH：07	抚松东台	302	32	235	9.30	7.25	A
1541	07FH：14	抚松东台	308	17	272	18.18	16.05	B
1542	07FH：15	抚松东台	297	30	223	10.01	7.52	A
1543	07FH：31	抚松东台	296	31	226	9.54	7.28	A
1544	07FH：08	抚松东台	306	34	233	9.12	6.95	A

十六、辉南邵家店地点

该地点位于坦平河北岸邵家店村东北的山坡上。2003年和2004年对其进行了两次调查。共获石器57件，包括石核、石片、工具和断块4类。原料有石英、黑曜岩、蛋白石、燧石和流纹岩5种，其中前两种数量最多。剥片技术主要有锤击、砸击法，也存在间接剥片法。工具类型简单，主要有刮削器、尖状器及琢背

小刀。仅见锤击法修理，修理方式以正向加工为主，偶见复向加工。

选择12件样品检测，分为两组，A组6件，占50%；B组6件，占50%（表5-18）。

表5-18　p-XRF检测辉南邵家店黑曜岩主要判源元素Zr、Sr、Rb元素对比值及分组情况

谱号	样品	遗址	Zr	Sr	Rb	Zr/Sr	Rb/Sr	分组
1280	HS-1	辉南邵家店	293	26	242	11.44	9.43	A
1281	HS-2	辉南邵家店	295	28	229	10.68	8.30	A
1282	HS-3	辉南邵家店	301	28	229	10.89	8.28	A
1283	HS-4	辉南邵家店	318	16	282	19.50	17.29	B
1284	HS-5	辉南邵家店	306	17	256	17.93	14.98	B
1285	HS-6	辉南邵家店	303	14	250	21.03	17.38	B
1286	HS-7	辉南邵家店	333	33	266	9.95	7.95	A
1287	HS-8	辉南邵家店	303	28	221	10.88	7.94	A
1288	HS-9	辉南邵家店	305	32	235	9.53	7.34	A
1289	HS-10	辉南邵家店	292	14	249	21.48	18.33	B
1290	HS-11	辉南邵家店	306	19	243	15.98	12.72	B
1291	HS-12	辉南邵家店	338	29	304	11.76	10.58	B

十七、国东大穴

遗址位于吉林省集安市鸭绿江流域，距地面100多米，2007年6月进行调查。

选择15件样品检测，分为三组，A组7件，占46.67%；B组6件，占40%；D组2件，占13.33%（表5-19）。

表5-19　p-XRF检测国东大穴黑曜岩主要判源元素Zr、Sr、Rb元素对比值及分组情况

谱号	样品	遗址	Zr	Sr	Rb	Zr/Sr	Rb/Sr	分组
648	GD-BD-1	国东大穴	311	30	238	10.27	7.88	A
649	GD-BD-2	国东大穴	309	33	226	9.35	6.84	A
650	GD-BD-3	国东大穴	359	18	305	20.36	17.32	B
651	GD-BD-4	国东大穴	299	15	251	20.36	17.08	B
652	GD-BD-5	国东大穴	311	33	242	9.46	7.36	A
653	GD-BD-6	国东大穴	345	39	259	8.79	6.61	A

续表

谱号	样品	遗址	Zr	Sr	Rb	Zr/Sr	Rb/Sr	分组
1528	GD-1	国东大穴	279	14	236	20.25	17.09	B
1529	GD-2	国东大穴	309	15	271	20.76	18.24	B
1530	GD-3	国东大穴	39	2319	81	0.02	0.03	D
1531	GD-4	国东大穴	67	2630	123	0.03	0.05	D
1532	GD-5	国东大穴	297	31	224	9.44	7.12	A
1533	GD-6	国东大穴	286	14	237	20.33	16.85	B
1534	GD-7	国东大穴	286	14	250	19.93	17.45	B
1535	GD-8	国东大穴	295	32	223	9.09	6.88	A
1536	GD-9	国东大穴	299	32	216	9.30	6.72	A

至此，本书使用p-XRF仪器共检测吉林省东部旧石器晚期17个遗址850件黑曜岩样品主要判源元素，详细考察了Zr、Sr、Rb值及Zr/Sr、Rb/Sr值，根据特征规律将这批黑曜岩样品分为四组，其中A组261件，占30.71%；B组569件，占66.94%；C组12件，占1.41%；D组8件，0.94%。各组中，Sr的作用最为显著，A组Sr值几乎是B组的2倍，在26～41间变化，平均值为32；B组Sr值在12～27间变化，平均值为17；Sr值小于10，多为C、D组。从整体上看，B组数量最多，是A组的2倍强。大洞遗址黑曜岩砾石原料和制品主要判源元素特征覆盖所有各组，由此可以初步判定大洞遗址为其他各遗址黑曜岩制品原料的主要来源之一。

十八、黑龙江、长白山、九台及土耳其、日本、美国、朝鲜

接下来，对黑龙江渤海遗址、石河东山、炮台山、杨林南山遗址、潜在矿源长白山和九台，以及来自土耳其、日本、美国和朝鲜的样品进行检测分析，见表5-20。

表5-20　p-XRF检测黑土日美朝等黑曜岩判源元素Zr、Sr、Rb元素对比值及分组情况

谱号	样品	遗址	Zr	Sr	Rb	Zr/Sr	Rb/Sr	分组
629	hljb	黑龙江渤海	314	17	259	18.50	15.24	B
630	hlj-sd-1-1*	黑龙江石河东山	292	21	236	14.14	11.42	B
631	hlj-sd-1-2*	黑龙江石河东山	309	22	248	13.89	11.13	B
632	hlj-pts-1	黑龙江炮台山	298	16	254	18.91	16.09	B

续表

谱号	样品	遗址	Zr	Sr	Rb	Zr/Sr	Rb/Sr	分组
633	hlj-pts-2	黑龙江炮台山	303	19	238	15.67	12.32	B
634	hlj-pts-3	黑龙江炮台山	291	19	241	15.21	12.61	B
635	hlj-pts-4	黑龙江炮台山	321	17	267	18.75	15.59	B
636	hlj-pts-5*	黑龙江炮台山	75	193	0	0.39	0.00	D
637	hlj-pts-6	黑龙江炮台山	319	14	272	22.41	19.14	B
638	hlj-pts-7	黑龙江炮台山	286	13	234	21.30	17.44	B
639	hlj-pts-8*	黑龙江炮台山	78	212	0	0.37	0.00	D
640	hlj-pts-9	黑龙江炮台山	308	18	252	16.89	13.82	B
642	hlj-yn-1	黑龙江杨林南山	287	14	239	19.97	16.63	B
643	hlj-yn-2	黑龙江杨林南山	307	16	253	18.67	15.38	B
644	hlj-yn-3	黑龙江杨林南山	299	31	225	9.58	7.19	A
645	hlj-yn-4	黑龙江杨林南山	316	23	260	13.72	11.26	B
646	hlj-yn-5	黑龙江杨林南山	301	19	251	15.69	13.07	B
647	hlj-yn-6	黑龙江杨林南山	344	17	289	20.29	17.05	B
1480	08YLNSC85	黑龙江杨林南山	317	22	269	14.60	12.38	B
1482	08YLNSC83	黑龙江杨林南山	301	21	235	14.45	11.27	B
1483	08YLNSC80	黑龙江杨林南山	300	29	224	10.26	7.66	A
1485	08YLNSC82	黑龙江杨林南山	297	28	228	10.71	8.20	A
1486	08YLNSC81	黑龙江杨林南山	261	25	197	10.54	7.94	A
1488	08YLNSC84	黑龙江杨林南山	293	14	247	21.05	17.75	B
672	九台-1	九台	218	115	279	1.91	2.44	A
673	九台-2	九台	213	68	262	3.14	3.86	A
674	九台-3	九台	216	81	258	2.66	3.18	A
675	九台-4	九台	230	71	292	3.26	4.12	A
680	九台-5	九台	252	99	270	2.56	2.74	A
681	长白山-1	长白山	748	20	138	36.52	6.74	D
682	长白山-2	长白山	3394	0	402	—	—	D
683	长白山-3	长白山	707	37	125	19.27	3.41	D
588	Japan-1	日本	82	30	151	2.72	4.97	Aa
589	Japan-2	日本	99	38	186	2.59	4.85	Aa
590	Japan-3	日本	86	33	160	2.64	4.93	Aa
591	Japan-4	日本	81	28	148	2.88	5.24	Aa

续表

谱号	样品	遗址	Zr	Sr	Rb	Zr/Sr	Rb/Sr	分组
592	Japan-5	日本	108	42	212	2.54	4.99	Aa
593	Japan-6	日本	80	29	151	2.76	5.19	Aa
594	Japan-7	日本	78	29	147	2.69	5.06	Aa
595	Japan-8	日本	87	31	159	2.83	5.19	Aa
596	Japan-9	日本	78	28	139	2.79	4.97	Aa
597	Japan-10	日本	79	28	138	2.81	4.92	Aa
598	Japan-11	日本	95	35	173	2.70	4.92	Aa
599	Japan-12	日本	96	35	180	2.78	5.20	Aa
600	Japan-13	日本	82	30	152	2.73	5.04	Aa
601	Japan-14	日本	79	29	153	2.68	5.20	Aa
602	Japan-15	日本	79	30	154	2.63	5.13	Aa
2821	朝鲜-1	朝鲜	298	19	250	15.94	13.37	B
2822	朝鲜-2	朝鲜	289	18	237	16.38	13.46	B
2823	朝鲜-3	朝鲜	288	14	250	19.97	17.32	B
2824	朝鲜-4	朝鲜	221	11	181	19.79	16.16	B
2825	朝鲜-5	朝鲜	283	14	237	20.55	17.21	B
2826	朝鲜-6	朝鲜	298	19	245	15.80	12.99	B
2827	朝鲜-7	朝鲜	287	16	247	17.53	15.06	B
2828	朝鲜-8	朝鲜	294	13	243	21.97	18.18	B
2829	朝鲜-9	朝鲜	294	18	244	16.48	13.71	B
2830	朝鲜-10	朝鲜	294	19	241	15.23	12.49	B
2831	朝鲜-11	朝鲜	287	13	244	22.20	18.86	B
2832	朝鲜-12	朝鲜	288	14	241	20.96	17.54	B
2833	朝鲜-13	朝鲜	286	16	240	17.63	14.78	B
2834	朝鲜-14	朝鲜	292	18	243	16.00	13.31	B
2835	朝鲜-15	朝鲜	280	18	233	15.26	12.69	B
2836	朝鲜-16	朝鲜	293	14	246	21.32	17.91	B
2837	朝鲜-17	朝鲜	295	15	251	19.91	16.92	B
2838	朝鲜-18	朝鲜	292	13	248	22.66	19.27	B
2839	朝鲜-19	朝鲜	288	18	244	16.04	13.60	B
2840	朝鲜-20	朝鲜	290	19	238	15.51	12.72	B
2841	朝鲜-21	朝鲜	289	14	247	20.59	17.62	B

续表

谱号	样品	遗址	Zr	Sr	Rb	Zr/Sr	Rb/Sr	分组
609	土-1	土耳其	376	44	223	8.54	5.06	Ⅰ
610	土-2	土耳其	396	49	238	8.02	4.81	Ⅰ
611	土-3	土耳其	414	49	251	8.43	5.11	Ⅰ
612	土-4	土耳其	1504	0	255	0.00	0.00	Ⅳ
613	土-5	土耳其	100	15	201	6.52	13.13	Ⅱ
614	土-6	土耳其	402	48	237	8.34	4.92	Ⅰ
615	土-7	土耳其	156	96	161	1.62	1.67	Ⅲ
616	土-8	土耳其	1735	0	303	0.00	0.00	Ⅳ
617	土-9	土耳其	1620	3	248	606.73	92.74	Ⅳ
618	土-10	土耳其	403	48	246	8.33	5.08	Ⅰ
619	土-11	土耳其	389	45	222	8.66	4.94	Ⅰ
620	土-12	土耳其	107	17	218	6.19	12.63	Ⅱ
621	土-13	土耳其	1653	3	249	635.66	95.77	Ⅳ
622	土-14	土耳其	1620	0	241	0.00	0.00	Ⅳ
623	土-15	土耳其	1619	4	236	405.77	59.12	Ⅳ
624	土-16	土耳其	1803	5	287	343.36	54.75	Ⅳ
625	土-17	土耳其	404	53	240	7.67	4.55	Ⅰ
626	土-18	土耳其	1468	3	248	501.09	84.70	Ⅳ
627	土-19	土耳其	1617	0	236	0.00	0.00	Ⅳ
604	美-1	美国	122	71	102	1.73	1.45	a
605	美-2	美国	119	69	98	1.73	1.42	a
606	美-3	美国	123	71	95	1.74	1.34	a
607	美-4	美国	188	122	175	1.54	1.43	a
608	美-5	美国	123	69	97	1.79	1.40	a

*黑龙江石河东山一件样品测两次。

综上：

（1）黑龙江炮台山-5和炮台山-8两件样品经LA-ICP-AES及ED-XRF检测应为玄武岩，在这里的p-XRF检测中划归特殊的D组，说明分组可以帮助甄别非黑曜岩制品。将此两件样品剔除后，黑龙江四个遗址21件样品，A组4件，B组17件，A少B多，与大洞等吉林省大多数遗址特征一致。

（2）日本、美国、土耳其的样品Zr、Sr、Rb与我国各不相同，不属于同一个来源，分别用Aa、a及罗马数字区分。

（3）土耳其19件样品按Zr、Sr特征分为四组，其中Ⅰ组（Zr～400、Sr～50）7件，Ⅱ组（Zr～100、Sr～16）2件，Ⅲ组（Zr～160、Sr～100）1件，Ⅳ组（Zr～1600、Sr～0-5）9件（高Zr低Sr）。其中Ⅲ组1件与美国样品成分接近，经XGT检测验证。

第三节　分组的意义

本书最重要的贡献之一就是将中国东北地区旧石器时代晚期遗址中黑曜岩样品根据p-XRF检测Zr、Sr、Rb值及Zr/Sr、Rb/Sr值的特征大致分为四组，那么，这种分组的意义何在呢？

在此，我们梳理前文中的相关结论，来加深对分组深层含义的理解。

在第三章中，我们共设计了八个实验，其中最后两个实验：同一遗址样品在不同时间实验中分组情况比较和LA-ICP-AES、p-XRF和固定型ED-XRF检测分组结果比较，证明了分组不受时间、批次、检测方法的影响，也就是说，不同时间、不同批次、不同实验方法得出的分组结果一致，p-XRF分组结果可以得到LA-ICP-AES和固定型ED-XRF的支持和验证。

在第四章中，我们证明了p-XRF分组只与黑曜岩的微量元素特征有关，而不受遗址不同发掘区域以及不同地层的影响。

在对桦甸仙人洞刮削器及其上残片以及抚松西山大石核不同部位的p-XRF检测结果证明了同一件器物不同部位属于同一组。

在p-XRF检测中被划分为特殊的D组的国东大穴的两件样品和黑龙江炮台山-5和炮台山-8经LA-ICP-AES和固定型XRF检测确证为非黑曜岩材质（见表5-21～5-23），说明p-XRF分组可以有效地反映出异常值，帮助甄别非黑曜岩样品。

表5-21　LA-ICP-AES检测国东大穴两件无号样品主次量元素成分（%）

样品	遗址	SiO_2	Al_2O_3	Na_2O	K_2O	CaO	MgO	Fe_2O_3
GD-无号1	国东大穴	65.66	9.10	0.21	2.69	19.62	1.23	1.49
GD-无号2-1	国东大穴	65.01	8.67	0.19	2.56	20.81	1.16	1.60
GD-无号2-2	国东大穴	66.13	9.22	0.16	4.02	15.88	0.99	3.62

由以上数据可以看出，这两件样品表现为低Na高Ca，与黑曜岩化学特征不符，不是黑曜岩材质，在之后的分析中予以剔除。

表5-22　LA-ICP-AES检测炮台山两件样品主次量元素成分（%）

样品	遗址	SiO_2	Al_2O_3	Na_2O	K_2O	CaO	MgO	Fe_2O_3	Mn	Ti
PTS-5	黑龙江炮台山	56.32	15.12	3.66	0.28	8.26	4.62	11.68	0.19	1.58
PTS-8	黑龙江炮台山	56.59	15.14	3.65	0.31	8.15	4.65	11.45	0.19	1.53

表5-23　ED-XRF检测炮台山-5和炮台山-8样品主次量元素成分（%）

样品	SiO_2	Al_2O_3	Na_2O	K_2O	CaO	MgO	Fe_2O_3	MnO	TiO_2
PTS-5	52.91	16.45	4.41	0.49	7.99	5.70	10.90	0.14	0.85
PTS-8	52.55	15.58	4.77	0.49	8.32	5.40	11.63	0.14	0.91

黑龙江炮台山此两件样品通过LA-ICP-AES和ED-XRF检测可以看出SiO_2值明显偏低，经过显微观察并与玄武岩的成分（表5-24）相对照，确定此两件样品为非黑曜岩，应为玄武岩，在之后的分析中予以剔除。

表5-24　玄武岩化学成分（重量%）

样品	1	2	3	4	5
SiO_2	48.79	47.94	51.55	48.48	45.50
TiO_2	2.08	2.17	1.79	3.06	2.97
Al_2O_3	14.44	14.37	14.68	13.71	9.69
Fe_2O_3	3.69	3.84	3.20	5.20	0.00
FeO	7.43	7.35	7.71	8.54	19.70
MnO	0.14	0.13	0.15	0.17	0.27
MgO	7.31	7.46	6.80	4.73	10.90
CaO	8.61	8.52	8.89	8.21	10.00
Na_2O	3.38	3.54	2.85	2.64	0.33
K_2O	1.65	1.91	0.81	1.28	0.06
P_2O_5	0.53	0.61	0.27	0.33	0.10
H_2O	1.64	1.82	1.07	3.62	—
总和	99.69	99.66	99.77	99.97	99.52

以上事实说明文中采用的分组方式具有一定的科学性、客观性和合理性。由于同一件样品的不同部分归属于同一组，那么如果两件器物分属于不同组，可

以在一定程度上确定这两件器物不属于同一件器物，这一点可以帮助我们分析遗址中散落的石片是否来自同一个石核，进而研究古人利用石料的方式。

由此也可以说明，在p-XRF分组中分为不同组的样品应该有不同的具体来源。

同时也应该看到，p-XRF分组虽然可以有效的反映出异常值，但单凭这一种方法并不能判断异常值是否为黑曜岩材质，必须借助能够准确测量主次量元素的其他方法如LA-ICP-AES和ED-XRF等，并结合微观形貌观察等综合分析手段才能最终确定。

第四节　遗址中A组、B组、C组、D组样品照片比较及分析

为了更加直观地说明A、B、C、D各组原料的差别，选取各组文物编号清晰的样品照片与相应测试结果并列一起，进行对照比较并作相关分析。

一、A　　组

1. 和龙大洞A组（附图5-1）

样品	遗址	Zr	Sr	Rb	Zn	Fe%	Mn	Ca%	K%	Ti	Th	Zr/Sr	Rb/Sr	分组
3153	大洞	290	36	197	77	0.75	249	0.30	3.67	4645	30	8.18	5.56	A
3166	大洞	305	44	207	84	0.81	255	0.37	3.78	1732	29	6.92	4.69	A
3745	大洞	308	43	217	79	0.77	206	0.28	4.16	746	30	7.20	5.08	A

2. 和龙西沟A组（附图5-2）

样品	遗址	Zr	Sr	Rb	Zr/Sr	Rb/Sr	分组
06HX.C：35	和龙西沟	293	38	204	7.78	5.42	A
06HX.C：36	和龙西沟	295	41	202	7.15	4.90	A
06HX.C：40	和龙西沟	294	40	212	7.41	5.35	A
06HX.C：64	和龙西沟	311	37	206	8.32	5.53	A

3. 和龙柳洞A组（附图5-3）

样品	遗址	Zr	Sr	Rb	Zr/Sr	Rb/Sr	分组
HLP04068	和龙柳洞	285	48	198	5.94	4.12	A
HLP0212	和龙柳洞	295	39	202	7.49	5.13	A
HLP04019	和龙柳洞	310	37	200	8.42	5.44	A

4. 安图沙金沟A组（附图5-4）

样品	遗址	Zr	Sr	Rb	Zr/Sr	Rb/Sr	分组
06AS.C7	安图沙金沟	291	28	214.55	10.47	7.71	A
06AS.C：5	安图沙金沟	313	35	215	9.03	6.22	A

A组样品Sr值较高，在26～41间变化，平均值为32，其中大部分石器原料质地欠佳，因此也很少有大型锋刃器。而安图沙金沟这两件石器（刮削器）体型稍大，修理工整，做工精良，在此遗址中其他黑曜岩细石器中显得较为突出，说明这一组有少量质地较好的石料可以打制精美的石器。这两件器物表面不够匀净，有杂点，符合A组的整体特征。

安图沙金沟距大洞遗址最短距离超过70千米，遗址中石器原料类型较多（A组、B组、C组），与之相类似的还有和龙石人沟和和龙柳洞，或许说明这几个遗址有相近的原料开采和利用方式。

二、B　组

样品	遗址	Zr	Sr	Rb	Zr/Sr	Rb/Sr	分组
T32②：1	桦甸仙人洞	292	14	243	20.77	17.32	B

此黑曜岩刮削器长身圆头，整体呈舌形，长73.9、宽50.8、厚17.3毫米，重62.5克。整体加工细致，多层修疤，疤痕较浅平，刃缘较平齐（附图5-5）。桦甸仙人洞位于吉林省桦甸市西北约23千米的寿山上，遗址年代属旧石器时代早期偏晚至晚期，石制品具有以小石制品为主的中国北方主工业的特点。出土该件黑曜岩制品位于遗址上文化层，其年代为旧石器时代晚期。在上文化层出土的72件石制品中，仅此一件体型较大、制作精美的黑曜岩刮削器，除此以外的其他几种石

料均见于附近寿山河的河漫滩上，并从石料上保留的部分砾石面分析，该遗址的这些石料来源应是就地取材。因此，发掘者亦推测此件黑曜岩工具可能为外来的输入品[6]。从我们的检测数据来看，该件石器的黑曜岩原料可能来自大洞B组，原料产地与遗址间最短距离可达200千米，亦有可能来自更远的长白山区原生矿源。

样品	遗址	Zr	Sr	Rb	Zr/Sr	Rb/Sr	分组
06AS.C11	安图沙金沟	288	16	241	18.45	15.43	B

B组样品Sr值在12～27间变化，平均值为17。用其原料制作的器物数量最多，在中国东北地区多数遗址中广泛存在，质地均匀，黝黑光亮，是优质石材，通常打制成有薄透的刃部锋利无比的锋刃器使用（附图5-6）。

三、C　　组

样品	遗址	Zr	Sr	Rb	Zr/Sr	Rb/Sr	分组
HLP.0205	和龙柳洞	288	9	246	33.34	28.39	C

这组样品在判源元素特征上表现为Sr值较低，在6～9之间变化，多数为7和8（ppm），其中大洞遗址8件，安图沙金沟1件，和龙石人沟2件，和龙柳洞1件，都在吉林省东部，黑龙江省迄今未见（附图5-7）。

四、D　　组

样品	遗址	Zr	Sr	Rb	Zn	Fe%	Mn	Ca%	K%	Ti	Th	Zr/Sr	Rb/Sr	分组
1088	大洞	403	4	435	153	0.80	331	0.12	3.26	3345	46	90.94	98.19	D
1818	大洞	665	3	969	176	0.98	220	0.27	3.29	429	140	231.73	337.76	D
1983	大洞	1978	7	329	265	2.91	946	0.17	2.78	2107	39	295.60	49.12	D

谱号	样品	遗址	Zr	Sr	Rb	Zr/Sr	Rb/Sr	分组
682	长白山-2	长白山北坡	3394	0	402	—	—	D
932	1697	大洞	3353	10	547	329.70	53.74	D

大洞遗址的1697号与长白山北坡样品元素高Zr低Sr的特征一致。

谱号	样品	遗址	Zr	Sr	Rb	Zr/Sr	Rb/Sr	分组
1530	GD-3	国东大穴	39	2319	81	0.02	0.03	D
1531	GD-4	国东大穴	67	2630	123	0.03	0.05	D

D组样品数量最少，但最为复杂（附图5-8）。吉林省东部各遗址共8件，仅占总数的0.94%。黑龙江炮台山的两件D组经LA-ICP-AES和ED-XRF检测为玄武岩。

D组样品在大洞遗址出现最多，为六件。其中1697号与长白山北坡2号样品高Zr低Sr的特征一致；1983号的Zr值接近2000ppm，Sr为7，也表现出高Zr低Sr的特征；1818号样品Rb接近1000ppm，表现高Rb高Zr低Sr的特征；1088号样品Ti值达3345ppm（~0.33%），与1983号样品一样表现出高Ti低Sr的特征；1368号样品Zr、Sr、Rb值分别为397、4、442，与1088号样品极为相近；1006号样品Zr、Sr、Rb值分别为960、2、735，与1818号样品接近。这六件D组样品都表现为Sr值低，在2~10间变化，Zr/Sr、Rb/Sr的值都较高，也许与长白山北坡样品2为同一来源。

吉林省另外两件D组样品在鸭绿江流域的国东大穴。国东大穴的D组样品与其他D组样品截然不同，Sr值高达2000多，在这个遗址的LA-ICP-AES检测中，已有两件测出为非黑曜岩材质，那么这两件是否为黑曜岩以及高Sr的具体原因，必须应用更先进的仪器如LA-ICP-AES或ED-XRF检测，结合样品性状进一步分析确定。

样品	遗址	SiO_2	Al_2O_3	Na_2O	K_2O	CaO	MgO	Fe_2O_3
GD-无号1	国东大穴	65.66	9.10	0.21	2.69	19.62	1.23	1.49
GD-无号2-1	国东大穴	65.01	8.67	0.19	2.56	20.81	1.16	1.60
GD-无号2-2	国东大穴	66.13	9.22	0.16	4.02	15.88	0.99	3.62

由以上数据可以看出，这两件样品表现为低Na高Ca，与黑曜岩化学特征不符，不是黑曜岩材质，在之后的分析中予以剔除。

贾伟明先生文中提到的在主成分分析中远离遗址中大部分黑曜岩制品而与俄罗斯玄武玻璃[7]（basalt glass）聚在一起的样品共7件，占1.6%。问题是，玄武玻璃虽可算作火山玻璃的一种，但由于是玄武岩碱性岩浆在火山喷发时迅速冷却形成，它的SiO_2含量在42%~52%，与酸性岩浆形成的黑曜岩（SiO_2：70%~75%）有很大差别，并不是一类物质。p-XRF由于仪器限制，测不出Si之前的元素，因此单凭这台仪器确定不了样品是否为玄武玻璃，只能通过更精密的仪器如ICP-AES等检测确定。如果确证其并不是黑曜岩，那么在做黑曜岩的主成分统计分析时应将其剔除。在没有确证之前，同时没有对中国的玄武玻璃进行系统调查的基础上而只是根据主成分分析中聚为一组就认定它们为同一个来源，这一点是不够审慎的。从这几件样品在所有检测样品中所占比例（1.6%），以及在主成分分析中与其他大量样品的距离来看，这类样品似乎属于本文中的D组，从文后D组照片可以看出，这组样品品相一般，工艺粗糙，似乎没有远距离运输的动力，因此不太可能从较远的俄罗斯高地索求。

综上：

（1）黑曜岩的质地与微量元素Rb、Sr、Zr等含量相关，推测与火山不同时期的喷发以及岩浆降落的地点和环境有关。

（2）在多数遗址中大量存在的B组样品质地均匀，黝黑光亮，被制作成各种刃缘锋利的锋刃器；在一些遗址中发现的A组样品整体看数量不多，质地稍次，有杂点，很少制作有锋利刃部的石器，说明旧石器时代晚期的先民能够根据石材的质地制作不同用途的石器，质地优异者用于制作切割效率较高的锋刃器，加工工整制作精美的石器可以随人行走较远的路线（如桦甸刮削器）。

（3）极少量（不超过3%）的C、D组样品比较特殊，需要进一步检测分析，才能得出最后定论。

（4）A组珲春北山两件样品较特殊，样品0228和0206的 Zr（~85）、Sr（~13）、Rb（~95），与A组其他样品Zr（~300）、Sr（~30）、Rb（~220）不同；和龙柳洞HLP.4046 Sr为71ppm，Rb为110ppm，Rb/Sr仅为1.54，也较为特殊，似乎与遗址中其他黑曜岩样品有不同的来源。

第五节　p-XRF检测主要判源元素散点图分析

一、p-XRF检测吉林省东部地区旧石器晚期十六遗址判源元素Zr/Sr与Rb/Sr散点图

我们对吉林省东部地区旧石器时代晚期十六个遗址（因大洞遗址样本数量较大，所以未包含大洞遗址）303件黑曜岩样品的主要判源元素对比值Zr/Sr-Rb/Sr作散点图（见附图5-9），从图中可以看出，303个p-XRF测试数据可以大致分为四组，此结果与LA-ICP-AES检测中国东北地区遗址黑曜岩制品判源元素主成分分析及各成分散点图分组结果相符。

还可以看出，p-XRF测试数据Zr/Sr-Rb/Sr值全部位于斜率一致的直线上，此结果与LA-ICP-AES检测中国东北地区十四遗址（包括大洞及黑龙江三个遗址）黑曜岩制品判源元素Ba-Sr散点图特征一致（见图4-2）。在LA-ICP-AES检测中国东北地区十四遗址黑曜岩制品的Ba-Sr散点图中，各遗址黑曜岩样品的Ba-Sr元素都呈现大体一致的变化趋势，即Ba元素含量随Sr元素含量的增加而增加，呈正比例相关性，斜率大致相同，或可显示中国东北地区黑曜岩具有相同的地域特征，大体属于同一个地质构造带，具有本土性。

为了进一步考察Zr、Sr、Rb的关系，我们用SPSS18.0软件对Zr、Rb及Zr/Sr-Rb/Sr两个变量的相关性分析如下。

1. Zr、Rb两个变量的相关性分析

描述性统计量

	均值	标准差	N
Zr	298.25	31.547	303
Rb	243.14	27.338	303

相关性

		Zr	Rb
Zr	Pearson 相关性	1	0.760**
	显著性（双侧）		0.000
	N	303	303
Rb	Pearson 相关性	0.760**	1
	显著性（双侧）	0.000	
	N	303	303

由上可知，Zr、Rb两个变量皮尔逊相关系数为0.76。

2. Zr/Sr-Rb/Sr相关性分析

描述性统计量

	均值	标准差	N
Zr/Sr	15.4224	5.41744	303
Rb/Sr	12.7696	4.95385	303

相关性			
		Zr/Sr	Rb/Sr
Zr/Sr	Pearson 相关性	1	0.996**
	显著性（双侧）		0.000
	N	303	303
Rb/Sr	Pearson 相关性	0.996**	1
	显著性（双侧）	0.000	
	N	303	303

由上可知，Zr/Sr-Rb/Sr两个变量皮尔逊相关系数为0.996。

为了更直观的比较A组和B组Zr、Sr、Rb三种元素及比值的异同，我们将大洞遗址前151件黑曜岩样品Zr、Sr、Rb三种元素及比值的最大值、最小值、平均值分A组、B组分别列出如下（表5-27）：

表5-27　p-XRF检测大洞遗址151件黑曜岩A、B组判源元素及比值最大值、最小值及平均值

A、B组比较	Zr	Sr	Rb	Zr/Sr	Rb/Sr	Zr/Rb
A组最大值	336	41	272	11.29	8.91	1.53
B组最大值	343	27	284	28.84	25.8	1.44
A组最小值	271	26	204	7.49	5.00	1.20
B组最小值	211	12	146	12.70	9.58	1.13
A组平均值	299	32	223	9.46	7.08	1.34
B组平均值	290	17	241	17.78	14.79	1.21

在中国东北地区的黑曜岩制品中，Zr、Rb两个变量具有较大的相关性（76.0%），当它们同时除以相同的变量Sr之后，相关性更高达99.6%，几乎呈斜率一致的线性关系，表明在中国东北地区的火山玻璃黑曜岩中，Zr、Rb是密切相关的两个元素，Zr/Rb约为1.28左右。在A组和B组间，Sr的作用比较显著，A组Sr平均值约为B组的二倍，Rb/Sr平均值约为B组的1/2。

二、p-XRF检测吉林省东部地区旧石器晚期十六遗址判源元素Rb-Sr与Zr-Sr散点图

我们对吉林省东部地区旧石器时代晚期十六个遗址（未包含大洞遗址）303

件黑曜岩样品的主要判源元素Rb-Sr和Zr-Sr作散点图（见附图5-10、5-11），从图中可以看出，各遗址黑曜岩样品Rb-Sr和Zr-Sr整体上呈现出相似的变化规律，其中Sr的作用较为显著，由Sr值的不同明显地分为三部分：在Sr=10以下，有少量样品，即本书中的C组样品；Sr在11～25，为数量最多的B组样品；Sr在26～50，为文中的数量次多的A组样品。因为D组样品多在大洞遗址，因此在此两图中没有显示。

三、p-XRF检测大洞与其他国家和地区黑曜岩判源元素Zr/Sr与Rb/Sr散点图

我们将大洞遗址和长白山、九台、朝鲜、美国、日本、土耳其的黑曜岩样品p-XRF检测主要判源元素对比值Zr/Sr-Rb/Sr作散点图（见附图5-12），从图中可以看出，大洞遗址黑曜岩样品Zr/Sr-Rb/Sr绝大多数呈现斜率一致的线性关系，与朝鲜的样品落在一起，与长白山样品、土耳其、日本和美国的样品并不相同。由于特殊样品的存在，使得分组不太明显，但仍可基本分出样品聚集数量较多的一组（B组）和数量较少的一组（A组）和由极少数样品组成的特殊组（C、D组）。

四、p-XRF检测中国东北地区黑曜岩样品与朝鲜、日本、土耳其、美国Zr/Sr-Rb/Sr散点图

我们将中国东北地区和朝鲜、日本、土耳其、美国的黑曜岩样品p-XRF检测主要判源元素对比值Zr/Sr-Rb/Sr作散点图（见附图5-13），从图中可以看出，土耳其的样品可以分为四组，由于其数据与中国各遗址样品相距太远，使得中国东北地区的黑曜岩特征表现不明显，但仍可看出中国各遗址中样品位于斜率相同的一条直线上，而来自长白山的样品与遗址中的样品不同；朝鲜样品与中国东北地区遗址样品落在一起。

五、p-XRF检测中国东北地区黑曜岩样品与朝鲜、日本、土耳其、美国Zr/Sr-Rb/Sr散点图

为了更清晰地看出各地区黑曜岩样品的差异，我们去除特殊的土耳其样品

后作Zr/Sr-Rb/Sr散点图（见附图5-14），从图中可以看出，中国各遗址中样品大致位于斜率相同的一条直线上，并可分为四组，而来自长白山的样品与遗址中的样品不同；九台的样品与中国东北地区各遗址样品不同；朝鲜样品与中国东北地区遗址样品（B组）落在一起；日本、美国样品与中国不同，彼此也各不相同。

注　释

[1] Milic, M. PXRF characterization of obsidian from central Anatolia, the Aegean and central Europe. *Journal of Archaeological Science*, 2014 (41): 285-296.

[2] 各遗址情况参见陈全家、王春雪：《东北地区近几年旧石器考古的新发现与研究》，《考古学研究》（七），科学出版社，2008年。（下同）

[3] 刘爽、陈全家、吴小红：《吉林省东部旧石器晚期大洞遗址黑曜岩石器判源元素特征分析》，《边疆考古研究》（第13辑），科学出版社，2013年，第275～281页。

[4] 陈全家、李其泰：《吉林桦甸寿山仙人洞旧石器试掘报告》，《人类学学报》1994年第13卷第1期，第12～19页。

[5] 陈全家、赵海龙、王法岗：《吉林桦甸仙人洞旧石器遗址1993年发掘报告》，《人类学学报》2007年第26卷第3期，第222～236页。

[6] 同[4]。

[7] Jia, Weiming, etc. Moving sources: A preliminary study of volcanic glass artifact distributions in northeast China using PXRF. *Journal of Archaeological Science*, 2010 (37): 1670-1677.

第六章　固定型ED-XRF辅助验证结果

第一节　固定型ED-XRF检测样品

表6-1　ED-XRF检测样品及实验记录

样品	性状描述	件数	备注
珲春北山-1	有杂点	1	A组，检测基体和杂质
珲春北山-2	有杂点	1	A组，检测基体和杂质
安图立新-3	有杂点	1	A组，检测基体和杂质
安图立新-4	有杂点	1	A组，检测基体和杂质
大洞砾石1	坚厚石皮，内质佳	1	B组，原为完整砾石，打破检测内部基体
大洞砾石10		1	B组，检测基体
长白山天池北坡	杂质多，品质差	1	长白山样品来自地质部门
长白山气象站	杂质多，品质差	1	长白山样品来自地质部门
朝鲜（长白山东坡）	杂质多，品质差	1	长白山样品来自地质部门
长白山将军峰	杂质多，品质差	1	长白山样品来自地质部门
长白山青石峰	杂质多，品质差	1	长白山样品来自地质部门
长白山06TC02	杂质多，品质差	1	长白山样品来自地质部门
美国俄勒冈-3	灰黑透明，有黑带	1	验证p-XRF分组中美国与土耳其Ⅲ同源
土耳其-7（Ⅲ）	灰黑质均光亮	1	验证p-XRF分组中美国与土耳其Ⅲ同源
中原雕刻器	黑亮，修理规整	1	是否是黑曜岩材质
黑龙江炮台山5	黑色，有杂质	1	验证ICP检测结果，非黑曜岩
黑龙江炮台山8	黑色无光	1	验证ICP检测结果，非黑曜岩
抚松西山无号-1	小石片 黝黑发亮	1	验证小石片与遗址中出土大石核关系
抚松西山无号-2	小石片 灰黑发亮	1	验证小石片与遗址中出土大石核关系

第二节　固定型ED-XRF检测结果与分析

一、补充和验证

为了对前面的实验结果进行确证和补充，我们应用固定型ED-XRF检测A组、B组样品以确证分组的科学性；A组样品基质与杂质以确定杂质的组成；土耳其Ⅲ组和美国样品以确证其是否特征一致；来自地质部门惠赠的长白山样品以补充对长白山天池附近黑曜岩的认识（表6-2、表6-3）。

表6-2　ED-XRF检测黑曜岩主量成分含量（%）

样品	SiO_2	Al_2O_3	Na_2O	MgO	CaO	Fe_2O_3	K_2O
安图立新-4基体	71.98	13.63	5.85	0.79	0.61	1.52	4.99
珲春北山-1-基体	75.56	12.79	4.00	0.46	0.6	1.59	4.83
珲春北山-2-基体	74.37	13.09	4.6	0.48	0.65	1.67	4.92
美国俄勒冈-3	72.91	12.88	3.04	0.94	4.21	1.05	4.29
土耳其-7（Ⅲ组）	71.78	12.87	3.73	1.10	3.85	1.35	4.59
安图立新-3基体	73.17	14.87	3.13	0.7	1.06	1.99	4.51
安图立新-3杂质	69.59	15.42	1.45	1.95	2.57	3.06	4.15
大洞砾石10基体	73.48	12.62	4.13	0.98	0.85	1.79	5.36
大洞砾石1-基体	78.98	11.88	1.87	0	0.57	1.63	4.94
长白山天池北坡	69.68	12.46	5.36	0.69	1.27	5.10	4.82
长白山气象站	69.44	13.53	5.98	0.43	0.77	3.73	5.28
朝鲜长白山东坡	72.44	8.68	7.56	0.47	0.29	5.61	4.21
长白山将军峰	73.33	8.32	3.87	0.94	1.41	6.52	4.37
长白山青石峰	68.27	13.75	6.94	0	0.89	4.25	5.45
长白山06TC02	70.05	11.59	6.08	0.45	0.89	5.44	4.70

表6-3　ED-XRF检测黑曜岩次量（%）和微量成分（ppm）及判源元素对比值和分组情况

样品	TiO_2	Mn	Zn	Rb	Sr	Zr	Rb/Sr	Zr/Sr	分组
安图立新-4基体	0.11	280	120	202	30	340	6.70	11.28	A
珲春北山-1-基体	0.10	144	95	130	22	231	6.01	10.71	A
珲春北山-2-基体	0.13	171	85	128	22	182	5.97	8.48	A

续表

样品	TiO_2	Mn	Zn	Rb	Sr	Zr	Rb/Sr	Zr/Sr	分组
美国俄勒冈-3	0.14	211	52	98	70	117	1.39	1.66	A
土耳其-7（Ⅲ组）	0.11	296	40	108	62	123	1.75	1.99	A
安图立新-3基体	0.20	200	138	161	12	340	13.11	27.63	B
安图立新-3杂质	0.41	275	162	197	34	273	5.72	7.92	A
大洞砾石10基体	0.14	177	79	120	16	248	7.43	15.38	B
大洞砾石1-基体	0.09	91	80	118	10	165	12.35	17.18	B
长白山天池北坡	0.32	381	130	65	6	380	10.07	58.55	D
长白山气象站	0.15	226	165	101	6	1020	15.99	162.29	D
朝鲜长白山东坡	0.17	254	150	113	7	1130	16.55	166.16	D
长白山将军峰	0.18	587	337	218	7	2501	29.42	338.06	D
长白山青石峰	0.18	275	154	74	7	824	11.14	123.91	D
长白山06TC02	0.24	543	239	172	8	2030	21.30	251.16	D

从表6-3可知，固定型XRF检测数据根据Rb/Sr、Zr/Sr值分组结果与p-XRF分组结果一致，说明分组具一定客观性；美国俄勒冈州样品-3与土耳其-7（Ⅲ组）成分特征一致，应属同一来源；长白山天池各处样品与经LA-ICP-AES和p-XRF检测的样品成分类似，属于高Zr低Sr特征，与中国东北地区各遗址绝大多数黑曜岩制品的主要特征不同，不是遗址中黑曜岩制品的主要来源。

二、检测黑龙江D组样品，确证非黑曜岩（表6-4）

表6-4　ED-XRF检测炮台山-5和炮台山-8样品主次量元素成分（%）

样品	SiO_2	Al_2O_3	Na_2O	K_2O	CaO	MgO	Fe_2O_3	MnO	TiO_2
PTS-5	52.91	16.45	4.41	0.49	7.99	5.7	10.9	0.14	0.85
PTS-8	52.55	15.58	4.77	0.49	8.32	5.4	11.63	0.14	0.91

此两件样品不是黑曜岩（SiO_2，70%），结合微观观察，认为其应为SiO_2含量约为53%的玄武岩。此结果可与LA-ICP-AES检测结果互相验证，在p-XRF检测中被分在特殊的D组。

三、检测抚松西山两件无号样品，确证分属不同组（表6-5）

表6-5　ED-XRF检测抚松西山无号样品元素含量及比值

样品	SiO_2	Al_2O_3	Na_2O	K_2O	CaO	MgO	Fe_2O_3	MnO	TiO_2	Rb	Sr	Zr	Zr/Sr	Rb/Sr	分组
FX-WH-1	76.87	11.86	4.03	4.50	0.61	0.5	1.50	0.03	0.07	188	25	248	9.95	7.54	A
FX-WH-2	75.91	12.04	4.86	4.50	0.57	0.5	1.43	0.03	0.07	160	6	242	37.67	24.97	B

此两件抚松西山无号样品怀疑是从遗址中出土的17.4千克重的大石核（B组）上掉落的，经固定型ED-XRF检测分析发现这两件样品分属A组和B组，应该分属不同的石核，此结果与p-XRF检测结论一致。

四、检测河北籍箕滩遗址疑似黑曜岩雕刻器，确定为燧石（表6-6）

表6-6　ED-XRF检测河北雕刻器主要元素含量（%）

河北雕刻器	XRF-1	XRF-2	XRF-3	平均值
Na_2O	1.26	0.79	0.35	0.80
Al_2O_3	0.32	0.14	0.2	0.22
SiO_2	98.18	98.9	99.14	98.74
K_2O	0.08	0.03	0.04	0.05
CaO	0.06	0.02	0.04	0.04
MnO	0.04	0.05	0.05	0.05
Fe_2O_3	0.03	0.02	0.02	0.02
总和	99.97	99.95	99.84	99.92

此样品外观黝黑光亮，与黑曜岩很相像，曾经某专家鉴定为黑曜岩材质，我们对其使用固定型ED-XRF检测，三次测量结果显示SiO_2含量平均值高达98.74%，说明是燧石材质，而不是此前认为的黑曜岩。

至此，在中国东北以外的其他地区尚无确证为黑曜岩材质的旧石器时代晚期石制品的发现。

第七章　中国东北地区旧石器时代晚期遗址黑曜岩制品化学元素特征

第一节　中国东北地区旧石器时代晚期遗址黑曜岩制品化学元素特征

表7-1　吉林省东部旧石器晚期遗址黑曜岩制品分组情况及各组所占比例（%）

遗址	样品数（件）	A组 %（件数）	B组 %（件数）	C组 %（件数）	D组 %（件数）
安图立新	4	50%（2）	50%（2）	0	0
珲春北山	23	30.43%（7）	69.57%（16）	0	0
抚松西山	19	68.42%（13）	31.58%（6）	0	0
安图沙金沟	22	45.45%（10）	50.00%（11）	4.55%（1）	0
安图松江古城堡	11	18.18%（2）	81.82%（9）	0	0
和龙西沟	29	48.28%（14）	51.72%（15）	0	0
和龙亚洞	7	28.57%（2）	71.43%（5）	0	0
和龙青头	60	3.33%（2）	96.67%（58）	0	0
和龙石人沟	32	18.75%（6）	75.00%（24）	6.25%（2）	0
和龙柳洞	38	26.32%（10）	71.05%（27）	2.63%（1）	0
和龙金子沟	10	10%（1）	90%（9）	0	0
海沟金矿	1	100%（1）		0	0
桦甸仙人洞	2		100%（2）	0	0
抚松东台	12	91.67%（11）	8.33%（1）	0	0
辉南邵家店	12	50%（6）	50%（6）	0	0
国东大穴	15	46.67%（7）	40%（6）	0	13.33%（2）
大洞	553	30.20%（167）	67.27%（372）	1.45%（8）	1.08%（6）
合计	850	30.71%（261）	66.94%（569）	1.41%（12）	0.94%（8）

在第五章，我们应用p-XRF仪器检测了吉林省东部旧石器时代晚期17个遗址（包括大洞）850件黑曜岩样品的Fe、Ca、K、Mn、Ti、Zr、Sr、Rb、Zn、Th等元素，详细考察了以Zr、Sr、Rb为主的判源元素组合规律及Zr/Sr、Rb/Sr值，根据其特征将这批黑曜岩样品分为四组（见表7-1；此分组结果得到LA-ICP-AES及ED-XRF的支持和验证）。其中A组261件，占30.71%；B组569件，占66.94%；C组12件，占1.41%；D组8件，0.94%。从整体上看，质量较好的B组黑曜岩制品数量最多，是A组的2倍以上；而A组大部分样品质地稍差，其杂质经检测确认为风化产物；C组、D组较为特殊，但数量极少，总共不超过3%。大洞遗址黑曜岩砾石原料和石器主要判源元素特征包含所有各组。

在接下来的检测中，分析了黑龙江4个遗址21件黑曜岩样品，其中A组4件，B组17件，A少B多，与大洞等吉林省大多数遗址特征一致。到目前为止，东北三省中的辽宁尚无黑曜岩制品的出土记录，因此，吉黑两省的发现可以代表中国东北地区的黑曜岩考古现状。由此可见，大洞遗址黑曜岩判源元素化学特征覆盖所有已发现的中国东北地区各遗址的黑曜岩制品特征。

中国东北地区黑曜岩判源元素组合表现出来的特征规律非常独特，与来自日本、土耳其、美国的样品各不相同（见附图5-5、附图5-6），而与地质上对中国东部地区这些遗址所属的内蒙古兴安-吉黑造山带火山碎屑岩的地球化学判源元素对比值接近（见附图7-1），具有明显的本土地域特征；各遗址黑曜岩样品Ba和Sr多呈现斜率一致的平行关系（见附图4-2）；Zr/Sr和Rb/Sr呈高度线性关系，Zr/Rb约为1.28左右（见附图5-1）；Zr、Sr、Rb相关变化明显，尤其Sr起着决定性作用：当Sr在26～48间，为A组；当Sr在10～25间，为B组；当Sr＜10时，为极少数的C、D组，表现出的外部性状也略有差别：A组品质差，杂质多；B组质地均匀，黝黑发亮，数量最多。已有的分析表明，A组Sr值几乎是B组的2倍，平均值为32，B组Sr值平均值为17；A组Rb/Sr平均值约为B组Rb/Sr平均值的1/2。

遗址中黑曜岩风化层与非风化层大都呈现出相同的变化规律：风化层比非风化层铝、铁的含量高，而硅的含量减少，也就是富铝、铁而贫硅，说明经历的风化环境一致，呈弱酸性。

各个遗址中表现出来的对不同组黑曜岩原料利用方式略有不同：

A组和B组各约占一半的遗址有安图立新、安图沙金沟、辉南邵家店、国东大穴；

A组远少于B组的遗址有和龙大洞、和龙西沟、和龙亚洞、和龙石人沟、和龙青头、和龙柳洞、和龙金子沟、珲春北山、安图松江古城堡。除大洞以外的其他八个遗址样品数量最多（210件），占黑曜岩制品发现最大宗，应该与大洞遗址的亲缘关系最近；

A组远多于B组的遗址有抚松西山、抚松东台；

海沟金矿和桦甸仙人洞各只发现一件（桦甸的一件为刮削器，另一件为雕刻器上的残片），分属A组、B组；

安图沙金沟距大洞遗址最短距离超过70千米，遗址中石器原料类型较多（A组、B组、C组），与之相类似的还有和龙石人沟和和龙柳洞，或许这几个遗址有相近的原料开采和利用方式。

黑龙江四个遗址21件样品，A组4件，B组17件，A少B多，与大洞等吉林省大多数遗址特征一致。

造成遗址中对原料利用的差异的原因可能与遗址的使用性质和时间、所处的位置和环境、考古调查和发现的局限等因素有关。

文中检测的长白山各处样品质地较差，属于高Zr低Sr的特征，与中国东北地区旧石器时代晚期各遗址黑曜岩制品的主要特征完全不同，应属于不同时期火山喷发形成的黑曜岩。

九台附近的黑曜岩样品经检测亦与遗址中的黑曜岩制品特征差别较大，应不属于同一来源。

第二节　中国东北地区旧石器时代晚期对黑曜岩原料的利用方式试析

根据抚松西山遗址大石核与石片的关系，我们推测中国东北地区旧石器时代晚期先民利用黑曜岩原料的方式可能有以下四种：

（1）从原料产地开采的石料，因其质优珍贵，被整块带到遗址地，在遗址里根据需要进行加工，在抚松新屯西山出土的17.4千克重的大石核[1]应属此类。发掘者在大石核周围布方，共出土石制品30件，我们挑选10件小石片进行LA-ICP-AES、p-XRF和ED-XRF检测。p-XRF不仅测试了同出的其余样品，还对大石核进行多处取点测定，结果显示，遗址中的石片明显分为两组，一组属于大石核（B组），另一组由另外的石核打制；对两件无号样品的p-XRF和ED-XRF检测都证明其分属不同组；根据LA-ICP-AES的检测结果，用主要判源元素作变量绘制主成分分析图（附图7-2），发现样品可以分为三组，也就是说这十件小石片很可能由三个不同的石核打制，其中一个是遗址中出土的大石核，另外两个已不知去向。根据目前的数据判断，这个大石核最可能的来源地应为大洞遗址附近，之间辗转迁徙的距离可达200千米以上。

（2）从原料产地开采石料，在现场进行粗加工，然后带到遗址里根据需要进行进一步加工，遗址中存在大量黑曜岩碎片、断块、废屑可为其证。

（3）在原料产地开采石料，直接在现场进行精细加工，一部分在原料产地附近区域使用，如大洞遗址石器原料和石器同时存在，另一部分被辗转带到其他各遗址行使高效率的切、割、刮、削、挖、剔等锋刃器的功能。

（4）旧石器晚期先民对黑曜岩原料总的利用模式应该是从矿源开采的大型石料和小型河滩砾石并用。抚松西山遗址中三十多斤重的大石核说明其利用大型石料加工石器的情况；在大洞遗址中一部分石器从元素特征上看与河滩砾石一致，并带有与河滩砾石化学特征一样的风化层。在俄罗斯阿穆尔河盆地新石器时代及早期铁器时代出有黑曜岩制品的考古遗址中大多数石制品由磨圆的黑曜岩砾石制成，说明这种大小石料同时并用的二重原料利用模式在旧石器时代晚期出现，并在其后有所延续。

以上活动应该由具有一定协作能力的食物采集者团体分期、分批合作完成，据学者估计，这种小团体的人数一般为20～50人[2]。

已有的研究表明，东北地区出土的旧石器时代晚期动物骨骼遗存主要是猛犸象、披毛犀、野马、野牛和鹿等大型动物的骨骼[3]。而从狩猎水平来看，想成功捕猎或猎取更多的动物，有学者推测其狩猎方式应是以集体围猎为主，体现了当时人类可能在获取食物时具有一定的组织性和计划性[4]。现在看来，古人在获取和利用优质石料资源上也具有一定组织性、计划性和协调性，说明进入旧石器晚期人类的智能更加进步，在适应环境的生存策略上更趋复杂。

有学者曾对吉林省东部旧石器晚期遗址（未包括大洞遗址）发现的2151件石制品原料种类及其在各类石制品中的利用率、不同原料石片组的平均长度和工具种类进行统计（见图7-1；表7-2、7-3）[5]，从中可以看出，黑曜岩石料在遗址中利用率最高，不仅石制品数量远超其他石料（占91.67%），而且石制品的种类最全，特别是细石叶和石叶为黑曜岩独有，未见于其他石料，而且黑曜岩碎屑数量最多（258件，占97.73%），而其他石料有的甚至根本未见碎屑（石英岩、板岩、流纹斑岩、安山岩），这一方面可以表明黑曜岩制品是在遗址内生产的[6]，更有可能说明的是黑曜岩是被最精细化加工的，并且是被不停修整倍

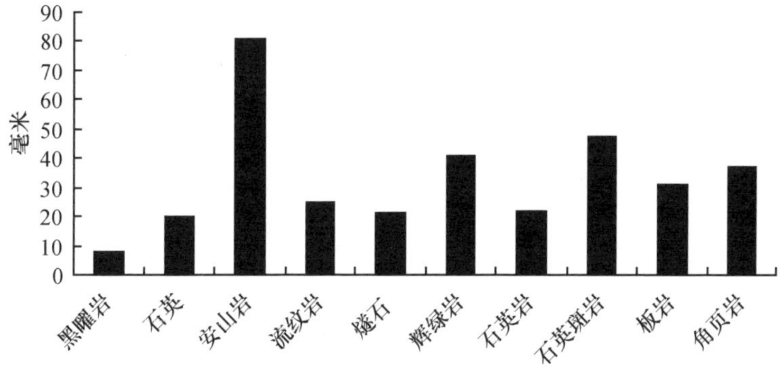

图7-1　不同原料石片组的平均长度比较

加珍惜的原料；黑曜岩制品类型包括各种刮削器、尖状器、雕刻器、琢背小刀等能够对食物等生活资料进行刮、削、挖、剔、钻、切等复杂加工的小型锋刃工具，却没有体量和破坏力均较大的砍砸器、锛形器，由此说明旧石器晚期的古人类已经完全了解黑曜岩质轻易碎刃缘锋利等石性特征，并有目的加以选择以达到对优质石料的最充分利用。

表7-2　石制品原料种类与利用率

原料	黑曜岩		石英		石英岩		板岩		流纹斑岩		安山岩		其他	
石制品	N	%	N	%	N	%	N	%	N	%	N	%	N	%
石核	36	1.67	6	0.27	7	0.32	1	0.04	6	0.27	2	0.09	12	0.55
石片	1035	48.12	5	0.23	7	0.32	7	0.32	19	0.88	6	0.27	11	0.51
细石叶	242	11.25												
石叶	44	2.04												
断块	158	7.34	16	0.74	6	0.27			2	0.09			5	0.23
碎屑	258	11.99	5	0.23									1	0.04
石器	199	9.25	6	0.27	3	0.13	10	0.46	11	0.51	3	0.13	22	1.02
总计	1972	91.67	38	1.77	23	1.06	18	0.84	38	1.77	11	0.51	51	2.37

表7-3　不同工具种类对原料使用情况统计

原料	黑曜岩		板岩		流纹斑岩		凝灰岩		其他	
器型	N	%	N	%	N	%	N	%	N	%
单刃刮削器	73	29.2	4	1.6	2	0.8	1	0.4	11	4.4
双刃刮削器	37	14.8	1	0.4					3	1.2
多刃刮削器	5	2								
尖状器	23	9.2	1	0.4					3	
雕刻器	44	17.6	1	0.4					1	0.4
琢背小刀	9	3.6								
石钻	3	1.2	1	0.4						
石镞	2	0.8								
砍砸器			1	0.4	5	2	1	0.4	10	4
锛形器							4	1.6		
石矛头	1	0.4	1	0.4	1	0.4			1	0.4
总计	197	80	10	4	8	3.2	6	2.4	29	10.4

以黑曜岩为主要原料的吉林省东部遗址为东北地区典型的石叶和细石叶工业类型，其主要特征是剥片技术有锤击法和间接剥片技术；工具修理上采用压制法、指垫法和间接法；工具类型以刮削器为主，雕刻器次之，琢背小刀、石钻、石镞等较少，复合工具开始出现[7]。优质原料被充分加以利用、精细加工技术以及复合工具的出现，这些迹象足以体现旧石器晚期人类智能的进步，在适应环境的生存策略上更趋复杂。人类学家M. D. 萨林斯和E. R. 塞维斯提出的文化支配定律认为：能够较有效地开发一定环境中的能源的文化体制，常常会消灭开发效率较低的体制，以求得自己在该环境中的扩张……高级体制的特点就在于其能比低级体制更有效地开发各种不同的资源，因而在大多数环境中它们都比后者更有效，其活动范围也更广阔[8]。相对于后世拥有陶器、青铜器、文字和城市的“复杂社会”，旧石器时代的人群团体也许可以称之为“简单社会”，在这个人类社会的发轫阶段，人类利用自然改造自然的能力非常有限，受生存本能驱使，逐水草食物而栖，循生活必需的资源而行。旧石器时代晚期，意味着人类经过几百万年的缓慢发展，正要步入一个崭新的历史阶段，在黎明前的曙光中，有许多引人注目的事件发生，如能够缝制皮衣的骨锥和骨针的发明、细石器的传播和扩散以及这种对优质工具原料的孜孜以求……

通过对中国东北地区旧石器晚期人类对优质石料资源的开发和利用方式的考察，我们似乎可以看到，随着人类认知能力的提高和人口的增长，对自然资源的需求逐渐增多，活动范围也逐步增大，甚至可以挑战和占领环境更加恶劣的高寒地区，环境的艰苦、生存的压力、有限空间资源的短缺（在气候寒冷的地方，每养活1名食物采集者需要20～30平方英里的地盘[9]）……这些无不刺激先民对新资源的渴求，促成对可以制造便携耐用高效工具的原料寻找的动力，黑曜岩这样的优质石材，必将成为充分利用、尽力搜求甚至竞相争夺的对象。掌握了优质原料和复杂技术的先民对大自然的适应和掌控能力更强，因而能够向北进入西伯利亚的冻土地带，进而通过晚更新世末盛冰期大陆架或陆桥进入日本列岛甚至新大陆。这种对优质资源的开发和利用为人类向新世界迈进积累了物质基础和生活经验，预示着一个崭新的时代即将来临。

第三节　小　　结

（1）中国东北地区黑曜岩制品按照主要判源元素Zr、Sr、Rb及Zr/Sr、Rb/Sr的p-XRF值可以大致分为四组，其中质地均匀黝黑光亮的B组最多，是质地稍差的A组的2倍强。特殊的C、D组样品为数甚少，不超过3%。大洞遗址黑曜岩砾石原料和石器主要判源元素特征覆盖所有各组。

（2）中国东北地区黑曜岩制品判源元素具有本土地域特征，与地质上对中国东部地区这些遗址所属的内蒙古兴安-吉黑造山带火山碎屑岩的地球化学判源元素对比值接近，具有相同的地球化学特征，而与来自日本、土耳其、美国的样品不同。各遗址Zr/Sr和Rb/Sr、Ba和Sr呈高度线性关系；Zr、Sr、Rb相关变化明显，Sr起决定性作用。

（3）中国东北地区旧石器时代晚期先民利用黑曜岩原料的方式可能有四种：

a. 从原料产地开采的石料，被整块带到遗址地，在遗址里根据需要进行加工；

b. 从原料产地开采石料，在现场进行粗加工，然后带到遗址里根据需要进行进一步加工；

c. 在原料产地开采石料，直接在现场进行精细加工，一部分在原料产地附近区域使用，另一部分被辗转带到其他各遗址行使锋刃器的功能；

d. 旧石器晚期先民对黑曜岩原料总的利用模式应该是从矿源开采的大型石料和小型河滩砾石并用。抚松西山遗址中三十多斤重的大石核说明其利用大型石料加工石器；在大洞遗址中一部分石器从元素特征上看与河滩砾石一致，并带有与河滩砾石化学特征一样的风化层。这种大小石料同时并用的二重原料利用模式在旧石器时代晚期出现，并在其后有所延续。

（4）旧石器晚期的古人类已掌握黑曜岩质轻易碎刃缘锋利等石性特征，并有目的的加以选择，制作不同种类的锋刃器、精美产品随身携带，以达到对优质石料的最充分有效利用。

（5）先民利用石料的方式主要是最省力的就近原则，但对优质石料，不惜辗转千里长途跋涉远距离搜寻。

注　释

［1］陈全家、赵海龙、王春雪：《抚松新屯子西山旧石器遗址试掘报告》，《人类学学报》2009年第28卷第2期，第147～153页。

［2］斯塔夫里阿诺斯：《全球通史：从史前史到21世纪》，北京大学出版社，2005年，第7页。

［3］姜鹏：《中国东北旧石器时代晚期文化和狩猎生活之研究》，《更新世近期研究》1986年第3期。

［4］同［1］。

［5］王春雪、赵海龙、陈全家：《试析吉林省东部地区旧石器晚期遗址石质品原料的开发与利用》，《人类学学报》（待刊）。

［6］同［5］。

[7] 赵海龙：《黑曜石两面尖状器实验研究及废片分析——以和龙大洞遗址为案例》，吉林大学博士学位论文，2012年。
[8] 同[2]，第17页。
[9] 同[2]，第23页。

第八章　黑曜岩产源研究元素对比值法的选择和应用

第一节　关于判源元素的选择

黑曜岩通常是由$SiO_2>65\%$酸性岩浆形成，主次量元素含量有固定的变化范围，一般为SiO_2 70%～75%、Al_2O_3 10%～15%、（$FeO+Fe_2O_3$）1%～5%、Na_2O为3%～5%、K_2O为2%～5%，各地区差异性不大，而且，通过前面的分析可知，风化环境会对黑曜岩的主次量元素产生影响，因此，黑曜岩的主次量元素不适合用于产源分析。一般认为，微量元素种类多，其含量在不同地区的矿物中差别显著，携带更多产地的地球化学特征，矿源指征作用较强。象碱金属Rb、碱土金属Sr、Ba和稀土元素Ce、Th等作为特征微量元素在地质研究中处于非常重要的地位，因此，一般情况下，微量元素对判源起决定作用，“微量元素组成曾成功地示踪古代大理石和黑曜石等石制品……的原料产地，因为石制品……的加工制造过程仅改变了原材料的物理性质和晶相结构，而原材料的化学组成并没有发生显著地变化，作为原材料产地指纹的微量元素组成依然被保留”[1]。

下面，我们通过考察地质学上黑曜岩遗址所属的地质构造带的地球化学主微量元素特点来确定黑曜岩判源特征元素组合。

中国东北地区旧石器晚期黑曜岩遗址分布位于中国东部内蒙古兴安-吉黑造山带的吉黑褶皱带，地质研究表明[2]，这一地区出露地壳平均化学组成为Ba 530ppm，Rb 100ppm，Sr 280 ppm，Zr 160 ppm，Mn 510 ppm，Ti 2310 ppm。内蒙古兴安-吉黑造山带沉积盖层平均化学组成为Ba 500ppm，Rb 69ppm，Sr 192 ppm，Zr185 ppm，Mn 623 ppm，Ti 2930ppm。内蒙古兴安-吉黑造山带酸性火山岩平均化学组成为Ba 550ppm，Rb 110ppm，Sr 160 ppm，Zr 183 ppm，Mn 365 ppm，Ti 1650ppm。

由表8-1～8-3可知，主量及次量元素成分各地区差别不大，因此，不足以用来作产源判定。

表8-1　中国东部不同构造单元酸性火山岩主次量元素平均化学组成（%）

构造区	内蒙古兴安-吉黑造山带	华北地台	秦岭-大别山造山带	扬子地台（东）	华南褶皱系
SiO_2	72.05	71.12	71.61	71.96	72.10
Al_2O_3	13.87	13.65	13.19	13.95	13.56
Na_2O	3.40	3.19	3.34	2.76	2.61
K_2O	3.89	4.10	3.22	4.33	5.09
Fe_2O_3	1.37	2.50	2.02	1.60	1.46

表8-2　中国东部不同构造单元酸性火山岩微量元素平均化学组成（ppm）

构造区	内蒙古兴安-吉黑造山带	华北地台	秦岭-大别山造山带	扬子地台（东）	华南褶皱系
Ba	550	690	790	690	760
Rb	110	124	81	126	177
Sr	160	162	118	130	114
Zr	183	268	260	210	255
Mn	365	340	457	485	430
Ti	1650	2060	2740	2060	1520

表8-3　中国东部不同构造单元酸性火山碎屑岩微量元素平均化学组成（ppm）

构造区	内蒙古兴安-吉黑造山带	华北地台	扬子地台（东）	华南褶皱系
Ba	550	650	610	880
Rb	94	108	127	161
Sr	230	330	140	163
Zr	200	247	233	203
Mn	550	540	630	465
Ti	2780	1810	3110	1890

从中国东部不同构造单元酸性火山岩及酸性火山碎屑岩平均化学组成的两表可以看出，微量元素Ba、Mn、Ti、Rb、Sr、Zr 含量相对较高，各地区差别较大，产源指征作用较强，因此，本文主要选择这六种元素作为判源元素。因为稀土元素（REE）的成因相同，化学性质相似，含量常同步变化，用地球化学理论中的稀土元素分配模式（REE Distribution Pattern，RDP）能准确地区分其来源，从而提供产地的可靠信息，因此，将Ce和Th列为参考判源元素考察，至此，我们选择Ba、Mn、Ti、Rb、Sr、Zr、Ce和Th这八种微量元素作为判源特征元素，分别根据仪器性能选择全部或部分元素以及元素对的比值作进一步分析的依据。

第二节　元素对比值法的应用和验证

1. 元素对比值法的选择和验证

选用元素对比值法进行分析，这主要基于以下两点考虑：

（1）不同实验仪器有不同的优缺点，在本书中我们采用了三种检测方法，需要整合不同仪器检测得出的大量数据，使其具有可比性。

（2）地质上及国外学者发表的数据多是通过不同方法得出的（如INAA、XRF法等），在研究中也需要与我们的数据进行统一比较。

元素对比值法在分析某地质构造的地球化学特征时被广泛应用，如将某些岩石中K/Rb、Ba/Sr以及Rb/Sr元素比值变化趋势作为其曾经历某种地质变化的源区特征[3]。前面的研究已经证明，元素对比值法可以在一定程度上消除风化环境、不同时间、不同条件、不同方法对测定结果的影响能够将问题化繁为简，比较直观地判断元素间的数量关系，是在不同实验方法间进行数据整合权宜之计。为了更进一步确证，我们又作了如下研究：

在p-XRF法中对黑曜岩样品的分组依据主要根据Zr/Sr和Rb/Sr值，因此我们重点考察此两组数据在LA-ICP-AES和p-XRF检测中是否具有相同的变化趋势。由于在LA-ICP-AES中没有测Rb的含量，因而不能进行Rb/Sr分析，考虑到 K和Rb同族相邻化学性质相似，因此我们选择K代替Rb作比值分析，我们判断ICP检测Zr/Sr-K_2O/Sr应该与p-XRF检测Zr/Sr-Rb/Sr具有相类似的变化趋势，作“ICP检测中国东北十四遗址黑曜岩样品Zr/Sr-K_2O/Sr散点图”（附图8-1），通过与p-XRF检测吉林省东部地区旧石器晚期十六遗址判源元素Zr/Sr-Rb/Sr散点图（见附图5-1）的比较，可以看出，两张图中各遗址大部分样品都呈现相同的变化趋势，斜率大体一致，因此说明元素对比值可以较好地保留元素间的变化规律，可以用来在不同方法间进行数据整合分析。

当然，需要指出的是，元素对比值的有效应用依赖于不同元素在同一情形下有相同的涨落趋势，这只是一种理想状态，在实际检测中可能情况更加复杂，其结论需要结合其他手段综合考虑、审慎对待。

综上，得出以下结论：

（1）选择Ba、Mn、Ti、Rb、Sr、Zr、Ce和Th八种微量元素作为判源特征元素，分别根据仪器性能选择全部或部分组合作黑曜岩产源分析；

（2）元素对比值法可以较好的保留元素间的变化规律，在一定程度上可以消除风化环境、不同时间、不同条件、不同方法对测定结果的影响，可以用来在不同实验方法间进行数据整合分析。

2. 元素对比值法的应用和验证

关于俄罗斯萨哈林岛遗址中黑曜岩的来源，研究者认为绝大部分来自于日本北海道的两个矿源（Oketo和Shirataki）[4]。我们将日本北海道矿源和俄萨哈林岛遗址黑曜岩制品主要判源元素Rb、Sr、Zr及比值列于表8-4，重点考察Rb/Sr、Zr/ Sr、Zr/Rb值。从表中可以看出，俄罗斯库页岛与日本北海道黑曜岩比值极为接近，而与中国东北地区遗址中的黑曜岩制品主要判源元素对比值Rb/Sr（A组~7.08、B组~14.79）、Zr/ Sr（A组~9.46、B组~17.78）、Zr /Rb（A组~1.34、B组~1.21）差距很大，因此俄罗斯库页岛在旧石器时代晚期应该没有长白山区的黑曜岩。

我们将通过不同实验方法得到的日本北海道各矿源、朝鲜半岛遗址中黑曜岩制品[5]及俄罗斯萨哈林岛未知源的主要判源元素及比值列于表8-5，应用判源元素比值法通过考察地域特征较明显的Zr/Rb值，将未知源样品按照相接近的Zr/Rb值大致分组，可以看出，在俄萨哈林岛的未知源样品似乎有与中国东北地区遗址相近的Zr/Rb值，这样看来，长白山区的优质黑曜岩有可能到达萨哈林岛，但数量极其稀少，而且时代已经晚到新石器时代甚至早期铁器时代。

表8-4　INAA检测日北海道黑曜岩与俄萨哈林岛遗址黑曜岩主要判源元素及比值

样品	遗址（矿源）	Rb	Sr	Zr	Rb/Sr	Zr/Sr	Zr /Rb
日本北海道1	日北海道Oketo	136	57	114	2.39	2.00	0.84
日本北海道2	日北海道Oketo	137	62	116	2.22	1.88	0.85
日本北海道3	日北海道Oketo	135	66	116	2.04	1.75	0.86
日本北海道4	日北海道outlier	97	53	128	1.82	2.41	1.32
日本北海道5	日北海道shiraA	151	31	89	4.93	2.91	0.59
日本北海道6	日北海道shiraA	150	22	80	6.94	3.70	0.53
日本北海道7	日北海道shiraA	154	0	81	—	—	0.53
日本北海道8	日北海道shiraB	173	0	77	—	—	0.45
日本北海道9	日北海道shiraB	173	0	87	—	—	0.50
日本北海道10	日北海道shiraB	176	0	85	—	—	0.48
日本北海道11	日北海道shiraB	177	0	84	—	—	0.47
日本北海道12	日北海道Tokachi	140	39	97	3.57	2.47	0.69
日本北海道13	日北海道Tokachi	139	45	111	3.12	2.49	0.80

续表

样品	遗址（矿源）	Rb	Sr	Zr	Rb/Sr	Zr/Sr	Zr /Rb
日本北海道14	日北海道Akaigawa	129	64	171	2.03	2.68	1.33
日本北海道15	日北海道Akaigawa	126	34	117	3.73	3.46	0.93
俄萨哈林岛1	日北海道Oketo	138	74	113	1.87	1.53	0.82
俄萨哈林岛2	日北海道Oketo	134	90	105	1.49	1.17	0.78
俄萨哈林岛3	日北海道Oketo	136	58	137	2.35	2.37	1.01
俄萨哈林岛4	日北海道Oketo	134	71	126	1.90	1.78	0.94
俄萨哈林岛5	日北海道Oketo	132	61	124	2.17	2.04	0.94
俄萨哈林岛6	日北海道Oketo	137	49	133	2.77	2.69	0.97
俄萨哈林岛7	日北海道Oketo	131	72	110	1.81	1.52	0.84
俄萨哈林岛8	日北海道Oketo	135	72	118	1.88	1.64	0.87
俄萨哈林岛9	日北海道Oketo	132	76	136	1.74	1.79	1.03
俄萨哈林岛10	日北海道Oketo	135	57	131	2.37	2.30	0.97
俄萨哈林岛11	日北海道Oketo	134	88	114	1.53	1.30	0.85
俄萨哈林岛12	日北海道Oketo	133	65	117	2.04	1.79	0.88
俄萨哈林岛13	日北海道Oketo	134	45	120	2.95	2.64	0.90
俄萨哈林岛14	日北海道Oketo	138	78	103	1.77	1.32	0.75
俄萨哈林岛15	日北海道Oketo	133	60	123	2.22	2.05	0.92
俄萨哈林岛16	日北海道Oketo	132	70	124	1.89	1.77	0.94
俄萨哈林岛17	日北海道shiraA	151	40	103	3.81	2.60	0.68
俄萨哈林岛18	日北海道shiraA	150	27	85	5.51	3.13	0.57
俄萨哈林岛19	日北海道shiraA	154	36	83	4.30	2.32	0.54
俄萨哈林岛20	日北海道shiraA	151	0	74	0.00	0.00	0.49
俄萨哈林岛21	日北海道shiraA	152	0	93	0.00	0.00	0.61
俄萨哈林岛22	日北海道shiraA	149	18	91	8.32	5.08	0.61
俄萨哈林岛23	日北海道shiraA	148	37	102	3.99	2.75	0.69
俄萨哈林岛24	日北海道shiraA	149	32	87	4.63	2.70	0.58
俄萨哈林岛25	日北海道shiraA	148	39	89	3.84	2.31	0.60
俄萨哈林岛26	日北海道shiraA	148	34	94	4.39	2.79	0.64
俄萨哈林岛27	日北海道shiraA	150	26	96	5.70	3.65	0.64
俄萨哈林岛28	日北海道shiraA	148	20	91	7.40	4.55	0.61
俄萨哈林岛29	日北海道shiraA	149	22	80	6.90	3.70	0.54
俄萨哈林岛30	日北海道shiraA	149	21	90	7.06	4.27	0.60

续表

样品	遗址（矿源）	Rb	Sr	Zr	Rb/Sr	Zr/Sr	Zr /Rb
俄萨哈林岛31	日北海道shiraA	148	26	98	5.80	3.84	0.66
俄萨哈林岛32	日北海道shiraA	152	31	91	4.90	2.94	0.60
俄萨哈林岛33	日北海道shiraA	147	32	98	4.59	3.06	0.67
俄萨哈林岛34	日北海道shiraA	146	39	77	3.74	1.97	0.53
俄萨哈林岛35	日北海道shiraA	151	29	90	5.26	3.14	0.60
俄萨哈林岛36	日北海道shiraA	147	25	89	5.83	3.53	0.61
俄萨哈林岛37	日北海道shiraA	148	34	86	4.37	2.54	0.58
俄萨哈林岛38	日北海道shiraA	151	25	100	5.97	3.95	0.66
俄萨哈林岛39	日北海道shiraA	148	20	100	7.47	5.05	0.68
俄萨哈林岛40	日北海道shiraA	150	39	87	3.82	2.21	0.58
俄萨哈林岛41	日北海道shiraA	147	31	89	4.74	2.87	0.61
俄萨哈林岛42	日北海道shiraA	148	21	94	7.18	4.56	0.64
俄萨哈林岛43	日北海道shiraA	148	0	84	—	—	0.57
俄萨哈林岛44	日北海道shiraA	153	34	110	4.46	3.21	0.72
俄萨哈林岛45	日北海道shiraA	151	24	90	6.19	3.69	0.60
俄萨哈林岛46	日北海道shiraA	148	23	93	6.43	4.04	0.63
俄萨哈林岛47	日北海道shiraA	152	0	96	—	—	0.63
俄萨哈林岛48	日北海道shiraA	151	19	97	7.91	5.08	0.64
俄萨哈林岛49	日北海道shiraA	148	0	80	—	—	0.54
俄萨哈林岛50	日北海道shiraA	149	19	79	8.05	4.27	0.53
俄萨哈林岛51	日北海道shiraA	154	0	110	0.00	0.00	0.71
俄萨哈林岛52	日北海道shiraA	150	15	100	10.00	6.67	0.67
俄萨哈林岛53	日北海道shiraA	151	23	82	6.51	3.53	0.54
俄萨哈林岛54	日北海道shiraA	155	43	87	3.62	2.03	0.56
俄萨哈林岛55	日北海道shiraB	171	0	82	—	—	0.48
俄萨哈林岛56	日北海道shiraB	175	0	87	—	—	0.50
俄萨哈林岛57	日北海道shiraB	169	0	83	—	—	0.49
俄萨哈林岛58	日北海道shiraB	176	0	80	—	—	0.45
俄萨哈林岛59	日北海道shiraB	167	0	86	—	—	0.51
俄萨哈林岛60	日北海道shiraB	171	0	94	—	—	0.55
俄萨哈林岛61	日北海道shiraB	173	0	89	—	—	0.51
俄萨哈林岛62	日北海道shiraB	174	0	136	—	—	0.78

续表

样品	遗址（矿源）	Rb	Sr	Zr	Rb/Sr	Zr/Sr	Zr /Rb
俄萨哈林岛63	日北海道shiraB	169	0	69	—	—	0.41
俄萨哈林岛64	日北海道shiraB	170	0	86	—	—	0.51
俄萨哈林岛65	日北海道shiraB	174	0	80	—	—	0.46
俄萨哈林岛66	日北海道shiraB	174	0	73	—	—	0.42
俄萨哈林岛67	日北海道shiraB	173	0	81	—	—	0.47
俄萨哈林岛68	日北海道shiraB	171	0	79	—	—	0.46
俄萨哈林岛69	日北海道shiraB	175	0	68	—	—	0.39
俄萨哈林岛70	日北海道shiraB	172	0	84	—	—	0.49
俄萨哈林岛71	日北海道shiraB	173	0	94	—	—	0.54
俄萨哈林岛72	日北海道shiraB	175	0	88	—	—	0.50
俄萨哈林岛73	日北海道shiraB	177	0	88	—	—	0.50
俄萨哈林岛74	日北海道shiraB	176	0	67	—	—	0.38
俄萨哈林岛75	未知源・早期铁器时代	100	34	65	2.94	1.91	0.65
俄萨哈林岛76	未知源・新石器时代	0	285	439	0	1.54	—
俄萨哈林岛77	未知源・早期铁器时代	115	128	132	0.90	1.03	1.15
俄萨哈林岛78	未知源・新石器时代	69	174	81	0.40	0.47	1.17
俄萨哈林岛79	未知源・早期铁器时代	119	87	128	1.37	1.47	1.08

表8-5　根据判源元素比值法对日朝俄中黑曜岩已知矿源分组及未知矿源的判断

样品编号	遗址（矿源）	Rb	Sr	Zr	Rb/Sr	Zr/Sr	Zr/Rb	分组	实验方法
日本北海道1	日北海道Oketo	136	57	114	2.39	2.00	0.84	Aa1	INAA
日本北海道2	日北海道Oketo	137	62	116	2.22	1.88	0.85	Aa1	INAA
日本北海道3	日北海道Oketo	135	66	116	2.04	1.75	0.86	Aa1	INAA
日本北海道5	日北海道shiratakiA	151	31	89	4.93	2.91	0.59	Aa2	INAA
日本北海道6	日北海道shiratakiA	150	22	80	6.94	3.70	0.53	Aa2	INAA
日本北海道7	日北海道shiratakiA	154	0	81	—	—	0.53	Aa2	INAA
日本北海道8	日北海道shiratakeB	173	0	77	—	—	0.45	Aa2	INAA
日本北海道9	日北海道shiratakeB	173	0	87	——	——	0.50	Aa2	INAA
日本北海道10	日北海道shiratakeB	176	0	85	—	—	0.48	Aa2	INAA
日本北海道11	日北海道shiratakeB	177	0	84	—	—	0.47	Aa2	INAA

续表

样品编号	遗址（矿源）	Rb	Sr	Zr	Rb/Sr	Zr/Sr	Zr/Rb	分组	实验方法
日本北海道12	日北海道Tokachi	140	39	97	3.57	2.47	0.69	Aa3	INAA
日本北海道13	日北海道Tokachi	139	45	111	3.12	2.49	0.80	Aa3	INAA
日本北海道14	日北海道Akaigawa	129	64	171	2.03	2.68	1.33	Aa4	INAA
日本北海道15	日北海道Akaigawa	126	34	117	3.73	3.46	0.93	Aa4	INAA
日—1	日Koshidake	186	52	82	3.58	1.58	0.44	Aa2	PIXE
日—2	日Koshidake	199	75	73	2.65	0.97	0.37	Aa2	PIXE
日—3	日shiradaki	124	38	61	3.26	1.61	0.49	Aa2	PIXE
日—4	日shiradaki	164	47	66	3.49	1.40	0.40	Aa2	PIXE
日—5	日Hariojima	150	58	63	2.59	1.09	0.42	Aa2	PIXE
日—6	日Hariojima	197	43	88	4.58	2.05	0.45	Aa2	PIXE
朝鲜Hahwageri1	朝鲜Hahwageri	284	0	1293	—	—	4.55	PNK2=D	INAA
朝鲜Hahwageri2	朝鲜Hahwageri	293	0	1227	—	—	4.19	PNK2=D	INAA
朝鲜Janghungri1	朝鲜Janghungri	252	0	267	—	—	1.06	PNK1=B	INAA
朝鲜Hopyun1	朝鲜Hopyun	277	0	1265	—	—	4.57	PNK2=D	PIXE
朝鲜Hopyun2	朝鲜Hopyun	293	0	1365	—	—	4.66	PNK2=D	PIXE
朝鲜Hopyun3	朝鲜Hopyun	349	0	1579	—	—	4.52	PNK2=D	PIXE
朝鲜Hopyun4	朝鲜Hopyun	270	10	293	27	29.30	1.09	PNK1=B	PIXE
朝鲜Hopyun5	朝鲜Hopyun	273	0	266	—	—	0.97	PNK1=B	PIXE
朝鲜Chungjin1	朝鲜Chungjin	267	15	247	17.80	16.47	0.93	B=PNK1	PIXE
朝鲜Chungjin2	朝鲜Chungjin	244	18	216	13.56	12.00	0.89	B=PNK1	PIXE
珲春1	珲春	269	8	190	33.63	23.75	0.71	B=PNK1	PIXE
珲春2	珲春	273	0	211	—	—	0.77	B=PNK1	PIXE
日本北海道4	日北海道outlier	97	53	128	1.82	2.41	1.32	Aa4	INAA
俄萨哈林岛75	俄萨哈林岛未知源	100	34	65	2.94	1.91	0.65	Aa3	INAA
俄萨哈林岛76	俄萨哈林岛未知源	0.1	285	439	0.00	1.54	4390	未知	INAA
俄萨哈林岛77	俄萨哈林岛未知源	115	128	132	0.90	1.03	1.15	Aa	INAA
俄萨哈林岛78	俄萨哈林岛未知源	69	174	81	0.40	0.47	1.17	Aa	INAA
俄萨哈林岛79	俄萨哈林岛未知源	119	87	128	1.37	1.47	1.08	A or B	INAA
朝鲜Hopyung1	朝鲜Hopyung未知源	1026	0	1145	—	—	1.12	D	PIXE
朝鲜Hopyung2	朝鲜Hopyung未知源	961	0	920	—	—	0.96	D	PIXE
朝鲜Hopyung3	朝鲜Shinbuk未知源	254	150	158	1.69	1.05	0.62	Aa3	PIXE
朝鲜Shinbuk1	朝鲜Shinbuk未知源（日？）	248	36	151	6.89	4.19	0.61	Aa2	PIXE

续表

样品编号	遗址（矿源）	Rb	Sr	Zr	Rb/Sr	Zr/Sr	Zr/Rb	分组	实验方法
朝鲜Shinbuk2	朝鲜Shinbuk未知源（日？）	214	34	207	6.29	6.09	0.97	Aa4	PIXE
长白山北坡1	长白山北坡	138	20	748	6.90	37.40	5.42	D组	p-XRF
长白山北坡2	长白山北坡	402	0	3394	—	—	8.44	D组	p-XRF
长白山北坡3	长白山北坡	125	36	707	3.47	19.64	5.66	D组	p-XRF
长白山1	长白山	65	6	380	10.83	63.33	5.85	D组	XGT
长白山2	长白山	101	6	1020	16.83	170.00	10.10	D组	XGT
长白山3	长白山	113	7	1130	16.14	161.43	10.00	D组	XGT
长白山4	长白山	218	7	2501	31.14	357.29	11.47	D组	XGT
长白山5	长白山	74	7	824	10.57	117.71	11.14	D组	XGT
长白山6	长白山	172	8	2030	21.50	253.75	11.80	D组	XGT

下面，我们列出俄罗斯滨海地区天然黑曜岩和俄遗址中黑曜岩制品应用波长色散X荧光（WDX）和能量色散X荧光（EDX）测得的Rb和Sr值[6]（表8-6），同时列出日本北海道[7]及朝鲜半岛遗址黑曜岩样品的Rb和Sr值（表8-7）（表中未列Zr值），重点考察它们的Rb/Sr值。

表8-6　WDX及EDX检测俄滨海地区天然黑曜岩和遗址黑曜岩Rb、Sr（ppm）及Rb/Sr值

WDX	Rb	Sr	Rb/Sr	WDX	Rb	Sr	Rb/Sr
滨海天然1	19	254	0.075	滨海天然14	20	237	0.084
滨海天然2	18	237	0.076	滨海天然15	20	242	0.083
滨海天然3	19	238	0.080	滨海天然16	21	239	0.088
滨海天然4	21	237	0.089	滨海天然17	21	243	0.086
滨海天然5	21	241	0.087	滨海天然18	20	196	0.102
滨海天然6	19	242	0.079	滨海天然19	18	198	0.091
滨海天然7	20	239	0.084	滨海天然20	22	227	0.097
滨海天然8	18	234	0.077	滨海天然21	19	208	0.091
滨海天然9	19	236	0.081	滨海天然22	22	230	0.096
滨海天然10	21	247	0.085	滨海天然23	21	237	0.089
滨海天然11	22	287	0.077	滨海天然24	18	233	0.077
滨海天然12	19	259	0.073	滨海天然25	21	241	0.087
滨海天然13	21	243	0.086	滨海天然26	20	243	0.082

续表

WDX	Rb	Sr	Rb/Sr	WDX	Rb	Sr	Rb/Sr
滨海天然27	20	240	0.083	俄遗址-1EDX	73	205	0.356
滨海天然28	21	367	0.057	俄遗址-2EDX	78	236	0.329
滨海天然29	21	246	0.085	俄遗址-3EDX	80	216	0.369
俄遗址-1	17	212	0.080	俄遗址-4EDX	73	204	0.356
俄遗址-2	18	281	0.064	俄遗址-5EDX	76	203	0.372
俄遗址-3	21	231	0.091	俄遗址-6EDX	74	208	0.358
俄遗址-4	18	203	0.089	俄遗址-7EDX	76	212	0.359
俄遗址-5	21	201	0.104	俄遗址-8EDX	74	212	0.352
俄遗址-6	19	234	0.081	俄遗址-9EDX	74	220	0.339
俄遗址-7	19	228	0.083	俄遗址-10EDX	75	210	0.356
俄遗址-8	21	241	0.087	俄遗址-11EDX	75	212	0.352
俄遗址-9	22	236	0.093	俄遗址-12EDX	75	208	0.360
俄遗址-10	21	243	0.086	俄遗址-13EDX	74	210	0.350
俄遗址-11	21	243	0.086				
俄遗址-12	22	241	0.091				
俄遗址-13	21	242	0.087				

表8-7　WDX检测日本北海道等黑曜岩样品Rb、Sr值（ppm）及Rb/Sr值

北海道	Rb	Sr	Rb/Sr	分组	北海道	Rb	Sr	Rb/Sr	分组
Akaigawa1组1	141	54	2.61	Aa4	Akaigawa1组14	138	54	2.56	Aa4
Akaigawa1组2	141	53	2.66	Aa4	Akaigawa1组15	136	54	2.52	Aa4
Akaigawa1组3	139	55	2.53	Aa4	Akaigawa1组16	138	55	2.51	Aa4
Akaigawa1组4	138	56	2.46	Aa4	Akaigawa1组17	137	56	2.45	Aa4
Akaigawa1组5	139	55	2.53	Aa4	Akaigawa1组18	139	55	2.53	Aa4
Akaigawa1组6	136	55	2.47	Aa4	Akaigawa1组19	138	54	2.56	Aa4
Akaigawa1组7	135	56	2.41	Aa4	Akaigawa1组20	137	54	2.54	Aa4
Akaigawa1组8	138	55	2.51	Aa4	Akaigawa1组21	137	55	2.49	Aa4
Akaigawa1组9	137	54	2.54	Aa4	Akaigawa1组22	138	55	2.51	Aa4
Akaigawa1组10	137	53	2.58	Aa4	Akaigawa1组23	139	53	2.62	Aa4
Akaigawa1组11	138	55	2.51	Aa4	3组1	186	5	37.20	Cc
Akaigawa1组12	137	54	2.54	Aa4	3组2	184	6	30.67	Cc
Akaigawa1组13	136	54	2.52	Aa4	3组3	182	4	45.50	Cc

续表

北海道	Rb	Sr	Rb/Sr	分组	北海道	Rb	Sr	Rb/Sr	分组
3组4	185	4	46.25	Cc	Shirataki11	163	31	5.26	Aa2
3组5	183	6	30.50	Cc	Shirataki12	164	29	5.66	Aa2
3组6	183	5	36.60	Cc	Shirataki13	162	28	5.79	Aa2
3组7	188	6	31.33	Cc	Shirataki14	163	31	5.26	Aa2
3组8	187	6	31.17	Cc	Shirataki15	158	29	5.45	Aa2
3组9	185	6	30.83	Cc	Shirataki16	162	28	5.79	Aa2
3组10	186	4	46.50	Cc	Shirataki17	161	28	5.75	Aa2
3组11	184	7	26.29	Cc	Shirataki18	163	31	5.26	Aa2
3组12	184	4	46.00	Cc	Shirataki19	163	27	6.04	Aa2
3组13	191	5	38.20	Cc	Shirataki20	161	28	5.75	Aa2
3组14	187	4	46.75	Cc	Shirataki21	159	29	5.48	Aa2
3组15	187	4	46.75	Cc	Shirataki22	163	29	5.62	Aa2
3组16	188	4	47.00	Cc	Shirataki23	162	28	5.79	Aa2
鳌山里朝鲜	0.11	2.00E-06	56086.50	D	Shirataki24	157	29	5.41	Aa2
白头山流纹岩	0.07	3.00E-06	21864.67	D	Shirataki25	163	27	6.04	Aa2
白头山黑曜岩	0.08	7.00E-06	11655.43	D	Shirataki26	162	26	6.23	Aa2
会宁城外	0.52	0.08	6.51	A'	Shirataki27	163	29	5.62	Aa2
腰岳	1.59	0.45	3.56	A'	Shirataki28	159	31	5.13	Aa2
突山松岛	1.60	0.38	4.19	A'	Shirataki29	161	27	5.96	Aa2
金海水佳里	1.59	0.46	3.44	A'	Shirataki30	156	24	6.50	Aa2
Akaigawa2组1	142	97	1.46	Aa4	Shirataki31	161	28	5.75	Aa2
Shirataki1	165	28	5.89	Aa2	Shirataki32	163	29	5.62	Aa2
Shirataki2	162	28	5.79	Aa2	Shirataki33	161	27	5.96	Aa2
Shirataki3	161	28	5.75	Aa2	Shirataki34	161	28	5.75	Aa2
Shirataki4	163	27	6.04	Aa2	Shirataki35	161	29	5.55	Aa2
Shirataki5	165	28	5.89	Aa2	Shirataki36	161	31	5.19	Aa2
Shirataki6	161	32	5.03	Aa2	Shirataki37	163	28	5.82	Aa2
Shirataki7	161	31	5.19	Aa2	Shirataki38	164	28	5.86	Aa2
Shirataki8	161	31	5.19	Aa2	Shirataki39	162	28	5.79	Aa2
Shirataki9	162	31	5.23	Aa2	Shirataki40	161	27	5.96	Aa2
Shirataki10	165	29	5.69	Aa2	Shirataki41	159	27	5.89	Aa2

研究者认为，俄罗斯滨海地区南部两个旧石器晚期遗址中黑曜岩制品（13件）一部分来自于遗址附近河床上的天然黑曜岩砾石，另一部分来自于较远的滨海中部地区，而且，这些样品与日本北海道完全不同。我们从表中的Rb/Sr值可以看出，遗址中石器的Rb/Sr值一部分与俄罗斯滨海地区天然黑曜岩接近，另一部分略有差别，与日本北海道的Rb/Sr值完全不同，得出与研究者一致的结论。而俄罗斯滨海南部天然黑曜岩及遗址中黑曜岩制品和日本北海道黑曜岩的Rb/Sr值与中国东北地区各遗址中黑曜岩制品的Rb/Sr值特征明显不同，显然不属于同一个来源，说明中国东北地区各遗址中几乎没有来自俄罗斯滨海地区和日本北海道的黑曜岩制品（见图8-2）。

注　释

[1] 陈铁梅：《科技考古学》，北京大学出版社，2008年，第138页。

[2] 鄢明才、迟清华：《中国东部大陆地壳与岩石的化学组成》，科学出版社，1997年，第27、33、80、102页。

[3] 支霞臣（译）：《痕量元素地球化学译文集》，地质出版社，1987年，第1页。

[4] Kuzmin, Y. V., etc. Sources of Archaeological Obsidian on Sakhalin Island (Russian Far East). *Journal of Archaeological Science*, 2002: 29, 741-749.

[5] Kim J. C., etc. PLXE provenancing of obsidian artifacts from Paleolithic sites in Korea. *INDO-Pacific Prehistory Association Bulletin*, 2007 (27): 122-128.

[6] A. 尤希塔尼等：《俄罗斯远东地区中部的滨海南部地域内旧石器时代晚期遗址出土黑曜岩石片的原产地分析》，《历史与考古信息·东北亚》2006年第1期，第61～66页。译自《考古学与自然科学》第47卷，第1～12页。

[7] 同[6]。

第九章　中国东北地区旧石器晚期遗址黑曜岩制品原料来源探索

第一节　中国东北地区旧石器晚期遗址黑曜岩制品原料来源探索

1. 大洞遗址

大洞遗址是黑曜岩制品原料来源研究中最关键的一个遗址。这不仅因为它的面积在同类遗址中最大，出土黑曜岩制品最多，更因为只有在这里发现了没有被加工过的被覆坚厚风化层（石皮）的完整砾石（gravel）原料，尽管目前所发现的这些砾石体型较小，不可能制作像桦甸刮削器那样体型稍大加工精美的石器，但是，我们关注的内容属于史前时期，也就是距今至少万年以前古人类对资源的利用，在当时品质优良储量丰富的黑曜岩矿经过长期的开采使用并经历千万年风霜洗礼水流搬运，既有可能离开原来位置一定距离变得面目皆非，更有可能淹没在历史的长河中不知所踪。

大洞遗址位于红旗河汇入图们江的河口地带，沿红旗河右岸和图们江左岸的狭长地带分布。红旗河是发源于长白山东南部的图们江的主要支流之一，图们江以红旗河为界，其上为山势险峻、林木茂密、水流湍急、人迹罕至的上游源区，自红旗河始河面展宽，坡降平缓，人烟渐密，其干流流经和龙、龙井、图们、珲春四市，在东经130°42′，北纬42°17′处流入日本海。目前发现黑曜岩数量较多的遗址主要沿江分布，特别是和龙地区附近的众多遗址以大洞为中心呈众星拱月之势（见图9-1）。大洞遗址数量庞大的鹅卵砾石表明其经历了长期风化以及水流搬运冲刷，因此，大洞遗址应该不是黑曜岩原生矿源，很可能图们江上游湍急的河流将优质黑曜岩冲至中游河段，而寻找原生矿源的线索就是沿着河道溯流而上，可能位于原始森林深处。

尽管不是原生矿源，但发掘者认为大洞遗址应是加工石器的打石场，有学者甚至推测其可能是当时人类的活动中心[1]。从已有的发掘来看，在大洞遗

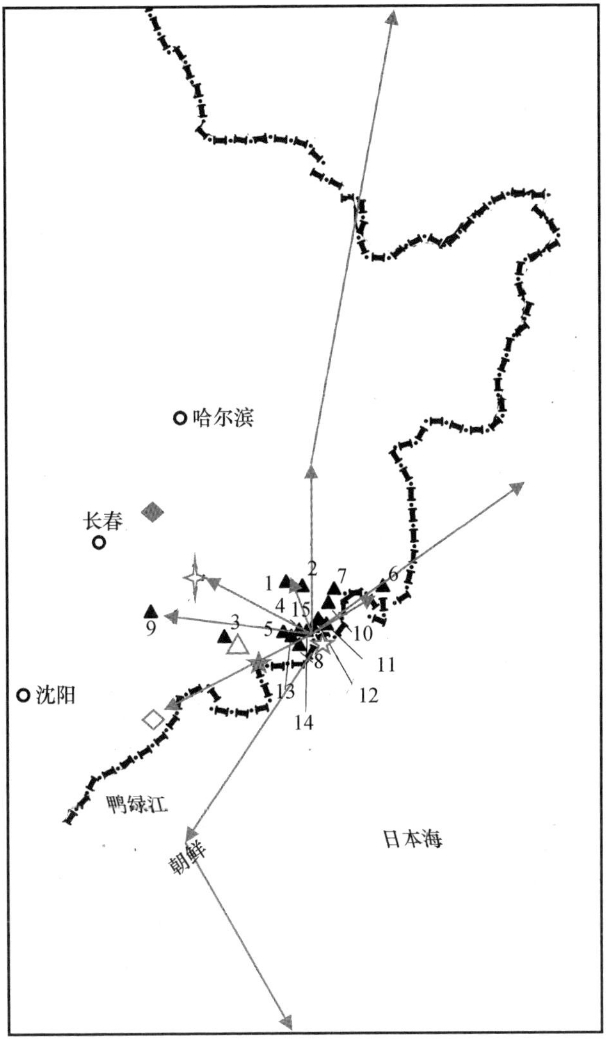

图9-1　吉林东部地区发现的旧石器遗址分布示意图

（根据陈全家等《东北地区近几年旧石器考古的新发现与研究》改绘）

1. 安图立新　2. 安图沙金沟　3. 抚松新屯西山　4. 和龙石人沟　5. 和龙青头　6. 珲春北山　7. 图们下白龙　8. 和龙柳洞　9. 辉南邵家店　10. 龙井后山　11. 岐新C地点　12. 岐新B地点　13. 和龙西沟　14. 和龙林场　15. 和龙大洞

（补充：☆为大洞遗址；△为抚松东台；✧为桦甸仙人洞；◇为国东大穴；★为长白山天池；◆为九台。）

址，除了占99.9%的黑曜岩制品，还有大量的断片和废片，废片比例可达75%以上[2]，足以说明加工规模的巨大，这样大型的加工规模必须有足量优质原料支撑，因此，矿源应该距离大洞不远，而那些遗址附近经过漫长岁月冲刷磨蚀而变得体型较小、浑圆粗糙的未被加工过的黑曜岩砾石很有可能就是当时人类开采利用的部分黑曜岩制品原料。

为了对此进行验证，我们除了挑选10件砾石原料和13件石器作LA-ICP-AES检测，还应用p-XRF仪器检测了吉林省东部旧石器晚期包括大洞遗址在内的17个遗址850件黑曜岩样品的主要判源元素，详细考察了以Zr、Sr、Rb为主的判源元素组合规律及Zr/Sr、Rb/Sr值，根据其特征规律将这批黑曜岩样品大致分为四组，大洞遗址黑曜岩砾石原料和石器主要判源元素特征覆盖所有各组，由此可以判定大洞遗址可能为其他各遗址黑曜岩制品原料的主要来源之一。同时，大洞遗址黑曜岩制品的原料与其河卵砾石判源元素特征一致（附图9-1～9-3），说明大洞遗址黑曜岩制品与附近的河滩砾石来源一致。

截止目前，东北地区的辽宁省还没有任何黑曜岩制品的出土记载，因此，吉黑两省的发现可以代表中国东北地区的黑曜岩考古现状。由此看来，大洞遗址黑曜岩判源元素化学特征几乎覆盖所有已发现的中国东北地区各遗址的黑曜岩制品特征，因此，我们判断大洞遗址及附近区域可能是当时中国东北地区黑曜岩制品原料主要来源地之一。可以想象，在大洞附近制作的石器被传播到周边的各个遗址中，行使着普通石料难以企及的高效能，必被受到外界环境主宰衣食窘迫的先民无比珍视而尽力索求，甚至有可能作为一种奢侈品成为某种特殊身份和地位的象征。在远离大洞的桦甸遗址出土了一件极精美的黑曜岩刮削器，在众多普通石器中显得鹤立鸡群，而考古研究表明，所有的其他石料都来自附近河漫滩，唯独这件黑曜岩制品在周围找不到来源，推测其“可能是外来的”[3]，现在的检测分析表明，这件黑曜岩制品的原料与大洞遗址和其他遗址中大部分石器（B组）原料来源一致，极有可能来自大洞石器加工场，其辗转迁徙路径可达300千米以上。而距大洞更远的鸭绿江畔的国东大穴可能需要的路途更远，至少可达500千米以上。

2. 长白山

有学者认为，在东北亚地区，黑曜岩这种优质的石料，从它被发现和认识的时候开始，就以长白山为中心向四周辐射，辐射半径可达700千米[4]。这里所提到的长白山应属于广义上的概念，我们上面所提到的大洞遗址和其他吉林省东部的各遗址以及朝鲜都处于这个大范围里，因此，为了使讨论更有意义，有必要在这里厘清概念的内涵和外延。

广义的长白山火山在中国境内包括天池火山、望天鹅火山、图们江火山和龙岗火山，是我国最大的第四纪火山岩分布区。图们江火山和望天鹅火山活动始于上新世，喷发活动分别为上新世—中更新世（5.5～0.19Ma）和上新世—早更新世（4.77～2.12Ma）。天池火山和龙岗火山属第四纪火山，全新世以来长白山天池火山至少发生过2次大喷发：4150aBP ± 80aBP[5]和1200aBP。其中图们江火山岩为拉斑玄武岩，其余火山的母岩浆都是钾质粗面玄武岩岩浆，其中望天鹅火山和天池火山经历了钾质粗面玄武岩造盾、粗面岩造锥和晚期碱性酸性岩浆（碱流岩和碱性流纹岩）的喷发，而龙岗火山来自地幔的钾质粗面玄武岩浆则未经演化和混杂而直接喷出地表，形成单一的钾质粗面玄武岩区。图们江火山岩以溢流式喷发的拉斑玄武岩为主，含少量玄武岩粗安岩和玄武质安山岩等[6]。由于黑曜岩是酸性岩浆快速冷凝形成，而且因为火山玻璃属于非晶质，不稳定，有脱玻化的倾向，因此，天池火山喷发应该是遗址中黑曜岩制品原料形成的主要原因。在长白山区调查取样的黑曜岩样品（长白山天池东坡和北坡、长白山将军峰、青石峰和气象站）ED-XRF和p-XRF检测结果特征一致，多属于以高Zr低Sr为特征的D组，见表9-1 ~ 9-3。

表9–1　ED–XRF检测长白山采集样品主量元素含量（%）

样品	SiO_2	Al_2O_3	Na_2O	MgO	CaO	Fe_2O_3	K_2O
长白山天池北坡	69.68	12.46	5.36	0.69	1.27	5.10	4.82
长白山气象站	69.44	13.53	5.98	0.43	0.77	3.73	5.28
长白山东坡（朝鲜）	72.44	8.68	7.56	0.47	0.29	5.61	4.21
长白山将军峰	73.33	8.32	3.87	0.94	1.41	6.52	4.37
长白山青石峰	68.27	13.75	6.94	0	0.89	4.25	5.45
长白山06TC02	70.05	11.59	6.08	0.45	0.89	5.44	4.70

表9–2　ED–XRF检测长白山采集样品次量（%）和主要判源元素含量（ppm）

样品	TiO_2	Mn	Zn	Rb	Sr	Zr	Rb/Sr	Zr/Sr	分组
长白山天池北坡	0.32	381	130	65	6	380	10.07	58.55	D
长白山气象站（天池东北）	0.15	226	165	101	6	1020	15.99	162.29	D
长白山东坡	0.17	254	150	113	7	1130	16.55	166.16	D
长白山将军峰（天池东）	0.18	587	337	218	7	2501	29.42	338.06	D
长白山青石峰（天池西）	0.18	275	154	74	7	824	11.14	123.91	D
长白山06TC02	0.24	543	239	172	8	2030	21.30	251.16	D

表9–3　p–XRF检测长白山北坡样品主要判源元素及元素对比值

谱号	样品	地点	Zr	Sr	Rb	Zr/Sr	Rb/Sr	分组
681	1	长白山北坡	748	20	138	36.52	6.74	D
682	2	长白山北坡	3394	0	402	—	—	D
683	3	长白山北坡	707	36	125	19.27	3.41	D

天池是火山喷射出大量岩浆之后形成的火山口，为中朝界湖。由天池火山喷发出的酸性岩浆遇冷快速凝固形成的黑曜岩散落在以天池为中心向四周辐射的广大区域，从目前的地质调查和分析结果来看，这些来自于长白山天池火山口附近以北、以西、以东等位置的黑曜岩石料质地都不够精良，杂质很多且极为散碎，与遗址中黑曜岩制品判源元素特征殊异（附图9-4），在数量庞大的p-XRF检测中，只有为数甚少的大洞石器（D组）与长白山北坡-2号黑曜岩样品微量判源元素特征一致（见表9-4），因此，很显然，各遗址中的大部分石器原料不可能来自这些地方。

表9-4　p-XRF检测长白山北坡与大洞D组样品主要判源元素、元素对比值及分组

谱号	样品	地点	Zr	Sr	Rb	Zr/Sr	Rb/Sr	分组
682	2	长白山北坡	3394	0	402	—	—	D
932	1697	大洞采集	3353	10	547	329.70	53.74	D

我们推测，大型优质黑曜岩矿应位于长白山天池东北方向图们江上游位置，可能位于原始森林深处。考虑到全新世以来长白山至少有两次大规模的火山喷发，旧石器时代先民利用的黑曜岩矿极有可能被深埋地下，因此，不排除随着长白山区地面调查和考古工作的进一步开展，在我国境内会有大型优质黑曜岩矿源的发现。

如果按照前人的研究将大洞遗址和朝鲜境内的黑曜岩矿都归属到大的“长白山（Paektusan volcano）”概念里，那么，这个黑曜岩矿的特征应该与大洞遗址一样，即长白山区黑曜岩按照主要判源元素Rb、Sr、Zr可分为A、B、C、D四组（C、D为特殊值组），几乎涵盖中国东北地区各遗址中绝大多数黑曜岩制品的特征。

3. 朝鲜

朝鲜与我国划江而治，其北部与吉林省东南部毗邻，与大洞遗址同属于长白山区，来自朝鲜境内大块优质的黑曜岩样品检测结果全部与各遗址中B组黑曜岩判源元素特征吻合（见表9-5）。LA-ICP-AES检测结果亦显示其与大洞及中国东北地区其他遗址相近，而与土耳其、日本的样品不同（附图9-4）。

表9-5　p-XRF检测朝鲜样品主要判源元素、元素对比值及分组

谱号	样品	地点	Zr	Sr	Rb	Zr/Sr	Rb/Sr	分组
2821	1	朝鲜	298	19	250	15.94	13.37	B

续表

谱号	样品	地点	Zr	Sr	Rb	Zr/Sr	Rb/Sr	分组
2822	2	朝鲜	289	18	237	16.38	13.46	B
2823	3	朝鲜	288	14	250	19.97	17.32	B
2824	4	朝鲜	221	11	181	19.79	16.16	B
2825	5	朝鲜	283	14	237	20.55	17.21	B
2826	6	朝鲜	298	19	245	15.80	12.99	B
2827	7	朝鲜	287	16	247	17.53	15.06	B
2828	8	朝鲜	294	13	243	21.97	18.18	B
2829	9	朝鲜	294	18	244	16.48	13.71	B
2830	10	朝鲜	294	19	241	15.23	12.49	B
2831	11	朝鲜	287	13	244	22.20	18.86	B
2832	12	朝鲜	288	14	241	20.96	17.54	B
2833	13	朝鲜	286	16	240	17.63	14.78	B
2834	14	朝鲜	292	18	243	16.00	13.31	B
2835	15	朝鲜	280	18	233	15.26	12.69	B
2836	16	朝鲜	293	14	246	21.32	17.91	B
2837	17	朝鲜	295	15	251	19.91	16.92	B
2838	18	朝鲜	292	13	248	22.66	19.27	B
2839	19	朝鲜	288	18	244	16.04	13.60	B
2840	20	朝鲜	290	19	238	15.51	12.72	B
2841	21	朝鲜	289	14	247	20.59	17.62	B

在朝鲜半岛，旧石器晚期遗址石器原料的地区性差异比较明显，在靠近长白山区的北部，主要采用黑曜岩做细石叶，如Mandalli遗址；中部地区以硅质灰岩为主；南部地区以火山凝灰岩为主，也有黑曜岩、粉砂岩等。有学者认为，南部的黑曜岩可能来自于半岛北部，也可能来自日本的九州岛。在文化面貌上，吉林东北东部地区与朝鲜半岛有着密切的联系，同属于一个大的细石叶工业文化区，又各有地方特色[7]，可见尽管处于末次盛冰期气候恶化的环境压力下[8]，但半岛和大陆人类活动仍频繁，交流紧密。

通过上面的检测分析，我们有理由推断，在朝鲜境内的长白山区有蕴含丰富的大型优质黑曜岩矿，可能是吉林东北各遗址优质黑曜岩制品原料的原生矿源所在地，或者就是这些黑曜岩制品原料来源地之一，而更确切具体的判断需要依赖更广泛深入甚至是跨国的地面调查和考古发掘工作的有效开展。

4. 九台

九台位于吉林省东部偏西的位置。在吉林东部地区分布有较多中生代、新生代火山，著名的新生代火山有伊通火山群、缸窑火山群、龙岗火山群和长白山火山群，其喷发时代自西向东，由老变新。这些火山喷出岩多为玄武岩，也有少量的浮岩和黑曜岩。但中生代火山喷出的火山岩以安山岩为主，夹有流纹岩和厚层的黑曜岩[9]，九台市上河湾镇的黑曜岩即属于此类型，因为火山喷发年代较久远，非晶质黑曜岩火山玻璃有脱玻化的倾向，因此，这类样品风化程度较高，质地不佳，检测分析的结果显示（见表9-6），其判源主要元素特征与各遗址中黑曜岩制品不同，p-XRF检测Sr的含量较高（Sr=68 ~ 115），虽然分为A组，但与各遗址中的A组（Sr=26 ~ 48）特征并不相同，考虑到九台距离各遗址比大洞更远，而先民选择资源的方式遵循最省力原则，不太可能舍近求远寻求品质并不优良的石料，而且从目前的调查看，九台附近的黑曜岩矿没有古人类使用开发迹象，因此，我们认为，九台的黑曜岩矿不是遗址中黑曜岩制品的来源地。

表9-6　p-XRF检测九台样品主要判源元素、元素对比值及分组

谱号	样品	地点	Zr	Sr	Rb	Zr/Sr	Rb/Sr	分组
672	1	九台	218	115	279	1.91	2.44	A
673	2	九台	213	68	262	3.14	3.86	A
674	3	九台	216	81	258	2.66	3.18	A
675	4	九台	230	71	292	3.26	4.12	A
680	5	九台	252	99	270	2.56	2.74	A

以上对大洞遗址、长白山、朝鲜、九台的分析具体可见附图9-5和附图9-6。LA-ICP-AES检测中国东北地区和朝日土黑曜岩主成分分析散点图，从图中可以看出：

（1）大洞遗址与中国东北地区其他遗址黑曜岩制品大部分落在一起；

（2）长白山、九台与遗址中黑曜岩制品不同；

（3）朝鲜与大洞等中国东北地区遗址聚在一起；

（4）日本、土耳其与中国各遗址不同，彼此也各不相同；

（5）土耳其样品可以分为四组。

第二节　关于东北亚地区间黑曜岩原料的交流互动

关于东北亚地区间的黑曜岩原料的交流互动问题，我们认为，只有具备特别优异的特性才能成为远距离交流的动力，比如优良的质地、精美的制作、便捷高效的性能等。无论是大洞遗址的B组黑曜岩，还是朝鲜北部长白山区以B组为主要特征的黑曜岩矿，都可以提供这样的优质原料和产品供应周边地区的使用，成为中、朝、俄一部分黑曜岩制品原料的共同供应地。

俄罗斯学者[10]根据在长白山区地面调查的样品和俄罗斯远东滨海南部遗址中的黑曜岩制品将长白山区黑曜岩分为三组：PNK1、PNK2、PNK3，其中PNK1质地较优，相当于本书中的B组，PNK2相当于本书中高Zr低Sr的D组。朝鲜半岛遗址只利用其中PNK1、PNK2[11]，在半岛南缘的遗址中黑曜岩制品一部分来自长白山，一部分来自日本，还有一部分未知源。

已有的研究表明，俄罗斯萨哈林岛遗址中黑曜岩绝大部分来自于日本北海道的两个矿源（Oketo和Shirataki）[12]，通过本书判源元素对比值法考察得知：俄罗斯库页岛在旧石器时代晚期应该没有长白山区的黑曜岩，在新石器时代甚至早期铁器时代，长白山区的优质黑曜岩有可能到达萨哈林岛，但数量极其稀少（详见第八章）。

由此可知，在旧石器时代晚期长白山区黑曜岩向北可以抵达俄罗斯滨海地区，向南已经到达朝鲜半岛的南缘，辗转路径至少可达1000千米以上。而中国东北地区各遗址是否有从俄境内滨海地区黑曜岩矿开采的石器原料，需要对样品中为数较少的C组、D组在岩石性质、微观结构、微量化学成分（包括稀土元素、同位素）等方面与俄罗斯样品进行深入细致的比较分析。

我们认为，要深入考察东北亚地区间黑曜岩原料的互动，在中国东北地区各遗址中需要着重注意的是珲春北山和国东大穴两个遗址：珲春北山处于“黑曜岩母亲河”——图们江的下游珲春河流域，距离大洞遗址较远，又是中、俄、朝三国交界地带，在p-XRF检测的A组里有两件样品与A组其他样品不同，在LA-ICP-AES检测中亦有远离其他组的现象存在，考虑到珲春东南距俄罗斯格拉得卡亚河仅30多千米，俄罗斯学者在格拉得卡亚河流域曾发现了少量的黑曜岩矿源[13]，因此不排除珲春北山遗址中的黑曜岩制品有其他来源；国东大穴位于鸭绿江流域的集安附近，处于长白山天池西南方向，距离大洞遗址较远，在这个遗址有两件特殊的D组样品，与大洞的D组并不相同，Sr值高达2000多，表现出高Sr低Zr的特征，与长白山D组样品正相反，值得仔细研究。

从目前的资料来看，以大洞为中心的长白山区黑曜岩辐射覆盖中国东北地区各旧石器晚期遗址；一部分传播到俄罗斯远东滨海地区；一部分传播到朝鲜半岛南缘，辗转迁徙路径至少可达1000千米以上。中国东北地区各遗址没有来自滨海地区和日本北海道的黑曜岩。因此，在旧石器时代晚期的东北亚地区存在以长白山区黑曜岩为原料的长距离交流和交换，但这种交流以长白山区黑曜岩传播出去为主，而其他地区黑曜岩进入中国东北地区的较少，也就是说，旧石器时代晚期东北亚地区黑曜岩制品以长白山为中心向外辐射，按照从内而外的单向度方向为主。

考虑到以上结论只参考了俄、日、朝公开发表的数据而且数量较少以及不同实验方法间的误差等各种复杂因素，因此本结论具有一定片面性，有待进一步充实和完善。

第三节　小　　结

根据以上分析和目前所掌握的材料，我们可以对中国东北旧石器晚期遗址黑曜岩制品的原料来源及特点作如下小结。

（1）大洞遗址附近区域是中国东北地区各遗址黑曜岩制品原料的主要来源地之一，目前发现黑曜岩数量较多的遗址主要沿图们江及其支流分布，特别是和龙附近的众多遗址以大洞为中心呈众星拱月之势。

（2）大洞遗址石器元素特征与附近河漫滩砾石一致，应为同一来源，作为大型石器加工场，其黑曜岩产品最大辐射半径可达500千米以上。

（3）大洞遗址的黑曜岩是次级矿源，推测原生矿源应主要位于图们江上游。

（4）长白山天池火山口附近区域部分黑曜岩质地不佳，不是遗址中黑曜岩制品的原料来源地。

（5）九台黑曜岩矿从检测结果看亦不是各遗址黑曜岩制品的原料来源地。

（6）以大洞及附近区域为中心的长白山区黑曜岩辐射覆盖中国东北地区各旧石器晚期遗址；一部分传播到俄远东滨海地区；一部分传播到朝鲜半岛南缘，辗转迁徙路径至少可达1000千米以上。从目前的资料来看，中国东北地区各遗址没有来自滨海地区和日本北海道的黑曜岩。因此，在旧石器时代晚期的东北亚地区存在以长白山区黑曜岩为原料的长距离交流和交换，但这种交流以长白山区黑曜岩传播出去为主，而其他地区黑曜岩进入中国东北地区的较少，也就是说，旧石器时代晚期东北亚地区黑曜岩制品以长白山为中心向外辐射，按照从内而外的单向度方向为主。

注　释

[1] 赵海龙：《黑曜石两面尖状器实验研究及废片分析——以和龙大洞遗址为案例》，吉林大学博士学位论文，2012年，第10页。

[2] 同[1]。

[3] 陈全家等：《吉林桦甸寿山仙人洞旧石器遗址试掘报告》，《人类学学报》1994年第13卷第1期，第12～19页。

[4] Kuzmin, Y. V., etc. Sources archaeological volcanic glass in the primorye (maritime) province, Russian Far East. *Archaeometry*, 2002, 44 (4): 505-515.

[5] 刘若新等：《长白山天池火山近代喷发》，科学出版社，1998年，第12页。

[6] 樊祺诚等：《长白山天池火山双岩浆房岩浆作用与互动式喷发》，《矿物岩石地球化学通报》2007年第26卷第4期，第4页。

[7] 王春雪等：《试析东北地区东部与朝鲜半岛旧石器时代晚期细石叶工业之间的文化关系》，《内蒙古文物考古》2009年第2期，第35～49页。

[8] 金昌柱等：《中国晚更新世猛犸象扩散事件的探讨》，《古脊椎动物学报》1998年第36卷第1期，第47～53页。

[9] 陈全家、王春雪：《东北地区近几年旧石器考古的新发现与研究》，《考古学研究》（七），科学出版社，2008年。

[10] Popov, et al. Geochemistry of volcanic glasses from the Paektusan volcano. *Doklady Earth Science*, 2005, 403 (5): 803-807.

[11] Kim, J. C., etc. PLXE provenancing of obsidian artifacts from Paleolithic sites in Korea. *INDO-Pacific Prehistory Association Bulletin*, 2007 (27): 122-128.

[12] Kuzmin, Y. V., etc. Sources of archaeological obsidian on Sakhalin Island (Russian Far East). *Journal of Archaeological Science*, 2002 (29): 741-749.

[13] 同[9]。

第十章　结　　语

本书在我国首次采用多种科学检测手段联用对东北地区旧石器时代晚期黑曜岩制品的化学特征进行了系统的总结和讨论，对黑曜岩制品原料来源进行了有益的探索。所涉及的遗址包括中国境内发现的旧石器时代晚期黑曜岩遗址，还有来自日本、朝鲜、土耳其及美国的样品作参照；使用LA-ICP-AES、p-XRF、固定型ED-XRF等方法共检测近千件黑曜岩样品，积累了上万个实验数据，应用社会统计学软件SPSS18.0对数据进行多角度全方位解析。通过将考古学背景—实验方法—阐释三大步骤作为论文的整体框架结构，将科技考古学者关注的实验方法的可行性、数据可靠性与考古学家关心的遗址中黑曜岩制品的原料来源、资源利用方式、人的迁徙和文化交流等课题紧密结合，从实证科学的角度以大量的实验数据为依据利用多种方法联用互相验证取长补短的方式，论证了科技考古学者和考古学家共同感兴趣的问题。

本书首次建立中国东北地区旧石器时代晚期黑曜岩制品及对比样品化学成分数据库，在此基础上，总结各个遗址黑曜岩制品的化学特征，得出中国黑曜岩制品的总体特征规律，对遗址中黑曜岩制品的原料来源、石核与石片的关系、古人对资源的利用方式、黑曜岩的风化环境等进行了考察，并对原生矿源进行了推断。

本书将地球化学上的研究成果与黑曜岩制品原料来源相联系，通过考察地质上已经发表的各地区地球化学元素克拉克值，找到在中国有效的黑曜岩判源元素组合，并通过与中国东部地区火山碎屑岩元素对比值的比较，得出中国东北地区旧石器晚期黑曜岩制品绝大多数来自当地原生矿源的结论，而大洞遗址及周边地区是主要的原料产地之一。鉴于目前考古和地面调查工作的局限，在大洞遗址没有发现大型黑曜岩矿露头，推测原生矿源距离大洞不远的图们江上游地带。

本书在研究方法、中国东北地区旧石器晚期黑曜岩的判源元素特征规律、遗址中黑曜岩制品的原料来源、利用方式及东北亚地区黑曜岩原料的交流互动等相关问题上具体收获如下：

1. 研究方法可行性分析

（1）p-XRF仪器比较稳定，检测方法精密度较高，对地域指征作用较强的重金属微量元素Rb、Sr、Zr等数据重复性较好。

（2）样品质地均匀，微区数据可以代表整个样品。

（3）风化环境对样品的主微量元素含量影响较大，因此，主微量元素不适合在产源分析中应用。为了获得真实的产地信息，样品的取样部分应该避开风化层。

（4）在LA-ICP-AES测试中，不同时间不同实验条件都不影响实验结果。也就是说，不同时间不同批次的样品数据可以放在一起进行分析，不影响最终统计分析分组结果。

（5）不同实验方法（LA-ICP-AES和p-XRF）得出的数据统计分组结果一致，可以使用p-XRF对遗址中大批量的样品化学特征进行分析总结。

（6）元素对比值法可以较好地保留元素间的变化规律，在一定程度上消除风化环境、不同时间、不同条件、不同方法对测定结果的影响，可以应用判源特征元素对比值法对不同实验方法数据进行整合。

（7）LA-ICP-AES和p-XRF等联用进行黑曜岩判源研究具备可行性。

（8）选择地域指征作用较强的Ba、Mn、Ti、Rb、Sr、Zr、Ce和Th八种微量元素作为判源特征元素，分别根据仪器性能选择全部或部分组合作黑曜岩产源分析。

2. 中国东北地区旧石器晚期黑曜岩的判源元素特征规律

（1）通过考察p-XRF检测主要判源特征元素Zr、Sr、Rb值及Zr/Sr、Rb/Sr值，将中国东北地区黑曜岩样品大致分为四组：A、B、C、D组，其中B组数量最多，是A组的2倍以上，质量较好，多被精细加工成锋刃工具；A组质地稍差，杂质经检测确认为风化产物；C、D组为特殊值组，数量极少，不超过3%。

（2）在各组之间Sr的作用最为显著，A组Sr值几乎是B组的2倍，在26～41间变化，平均值为32，B组Sr值在12～27间变化，平均值为17；A组Rb/Sr平均值约为B组Rb/Sr平均值的1/2。

（3）从整体上看，大洞遗址黑曜岩砾石原料和制品主要判源元素特征覆盖所有各组。

（4）中国东北地区黑曜岩制品判源元素具有本土地域特征，与地质上对中国东部地区这些遗址所属的内蒙古兴安-吉黑造山带火山碎屑岩的地球化学判源元素对比值接近，具有相同的地球化学特征，而与来自日本、土耳其、美国的样品不同。

（5）各遗址Ba和Sr呈现斜率一致的平行关系；Zr/Sr和Rb/Sr呈高度线性关系，Zr/Rb约为1.31，Zr、Sr、Rb相关变化明显。

（6）遗址中黑曜岩风化层与非风化层大都呈现出相同的变化规律：风化层比非风化层铝、铁的含量高，而硅的含量减少，也就是富铝、铁而贫硅，说明经历的风化环境一致，为弱酸性。

3. 中国东北旧石器晚期遗址黑曜岩制品的原料来源及原料利用方式

（1）大洞遗址及附近区域可能是中国东北地区各遗址黑曜岩制品原料的主要来源地之一，作为大型石器加工场，其黑曜岩产品最大辐射半径可达500千米以上。目前发现黑曜岩数量较多的遗址主要沿图们江及其支流分布，特别是和龙附近的众多遗址以大洞为中心呈众星拱月之势。

（2）大洞遗址黑曜岩制品元素特征与附近河漫滩黑曜岩砾石一致，应为同一来源。

（3）大洞遗址的黑曜岩是次级矿源，原生矿源应主要位于图们江上游。

（4）长白山天池火山口附近区域部分黑曜岩质地不佳，不是遗址中黑曜岩制品的原料来源地。

（5）九台黑曜岩矿不是各遗址黑曜岩制品的原料来源地。

（6）中国东北地区旧石器时代晚期先民利用黑曜岩原料的方式可能有四种：

a.从原料产地开采的石料，被整块带到遗址地，在遗址里根据需要进行加工；

b.从原料产地开采石料，在现场进行粗加工，然后带到遗址里根据需要进行进一步加工；

c.在原料产地开采石料，直接在现场进行精细加工，一部分在原料产地附近区域使用，另一部分被辗转带到其他各遗址行使锋刃器的功能。

d.旧石器晚期先民对黑曜岩原料总的利用模式应该是从矿源开采的大型石料和小型河滩砾石并用。抚松西山遗址中三十多斤重的大石核说明其利用大型石料加工石器；在大洞遗址中一部分石器从元素特征上看与河滩砾石一致，并带有与河滩砾石化学特征一样的风化层。这种大小石料同时并用的二重原料利用模式在旧石器时代晚期出现，并在其后有所延续。

（7）旧石器晚期的古人类已掌握黑曜岩质轻易碎刃缘锋利等石性特征，并有目的加以选择，制作不同种类的锋刃工具，精美产品随身携带，以达到对优质石料的最充分有效利用。

（8）先民利用石料的方式主要是最省力的就近原则，但对优质石料，不惜辗转千里长途跋涉远距离搜寻。

（9）日本、美国、土耳其的样品主要判源元素Zr、Sr、Rb与我国各不相同，不属于同一个来源。

4. 关于东北亚地区间黑曜岩原料的交流互动

我们认为，以大洞为中心的长白山区黑曜岩辐射覆盖中国东北地区各旧石器晚期遗址；一部分传播到俄远东滨海地区；一部分传播到朝鲜半岛南缘，辗转迁徙路径至少可达1000千米以上。从目前的资料来看，中国东北地区各遗址没有来自滨海地区和日本北海道的黑曜岩。因此，在旧石器时代晚期的东北亚地区存在以长白山区黑曜岩为原料的长距离交流和交换，但这种交流以长白山区黑曜岩传播出去为主，而其他地区黑曜岩进入中国东北地区的较少，也就是说，旧石器时代晚期东北亚地区黑曜岩制品以长白山为中心向外辐射，按照从内而外的单向度方向为主。

5. 本书的不足和今后工作展望

主要以p-XRF检测结果为依据进行分组只是对遗址黑曜岩制品化学特征的初步总结，更精确的判断需要依靠更先进的ICP-AES或ICP-MS等技术进行全样本检测分析；对黑曜岩进行水合层定年（HD）、二次离子质谱（SIMS）和裂变径迹法测年（FT）等也是解决遗址中石料具体来源地的突破口；下一步寻找原生矿源的地面调查应该沿图们江逆流而上，有可能的话需要与朝鲜合作开展跨国考古调查工作。

研究东北亚地区间的黑曜岩原料的交流互动，应该着重对样品中为数较少的C组、D组以及A组中判源元素特殊的样品在岩石性质、微观结构、微量化学成分（包括稀土元素、同位素）等方面与俄、日、朝等国样品进行深入细致的比较分析；遗址中需要重点注意的是珲春北山和国东大穴两个遗址：珲春北山处于“黑曜岩母亲河”——图们江的下游珲春河流域，距离大洞遗址较远，又是中、俄、朝三国交界地带，在p-XRF检测的A组里有两件样品与A组其他样品不同，在LA-ICP-AES检测中亦有远离其他组的现象存在，珲春与俄罗斯格拉德卡亚河流域交界，俄罗斯学者在格拉德卡亚河流域曾发现了少量的黑曜岩矿源，因此不排除珲春北山遗址中的黑曜岩制品有其他来源；国东大穴位于鸭绿江流域的集安附近，处于长白山天池西南方向，距离大洞遗址较远，在这个遗址有两件特殊的D组样品，与大洞的D组并不相同，Sr值高达2000多，表现出高Sr低Zr的特征，与长白山D组样品正相反，值得进一步仔细研究。

总之，注重特殊组样品及特殊遗址，提高分析精度和样品数量，与其他周边国家如俄、日、朝展开深入广泛的合作研究是进一步解决东北亚地区黑曜岩制品原料来源进而研究中国东北地区——“古人类文化交流枢纽”具体生活图景的重要途径。

参考书目

中文书目

A

A. 尤希塔尼等：《俄罗斯远东地区中部的滨海南部地域内旧石器时代晚期遗址出土黑曜岩石片的原产地分析》，《历史与考古信息·东北亚》2006年第1期。译自《考古学与自然科学》第47卷。

B

鲍亦冈、白志民、葛世炜等：《北京燕山期火山地质及火山岩》，地质出版社，1995年。

C

陈恩志：《中国化石古人类和旧石器文化考古发现与研究（1901～2000）》（东北地区卷），科学出版社，2004年。

陈全家、李其泰：《吉林桦甸寿山仙人洞旧石器试掘报告》，《人类学学报》1994年第13卷第1期。

陈全家、李有骞、赵海龙：《吉林辉南邵家店发现的旧石器》，《北方文物》2006年第1期。

陈全家、王春雪、方启：《吉林和龙柳洞2004年发现的旧石器》，《人类学学报》2006年第25卷第3期。

陈全家、王春雪、方启：《延边地区和龙石人沟发现的旧石器》，《人类学学报》2006年第25卷第2期。

陈全家、王春雪：《东北地区近几年旧石器考古的新发现与研究》，《考古学研究》（七），科学出版社，2008年。

陈全家、张乐：《吉林延边珲春北山发现的旧石器》，《人类学学报》2004年第23卷第2期。

陈全家、赵海龙、王春雪：《抚松新屯子西山旧石器遗址试掘报告》，《人类学学报》2009年第28卷第2期。

陈全家、赵海龙、王法岗：《吉林桦甸仙人洞旧石器遗址1993年发掘报告》，《人类学学报》2007年第26卷第3期。

陈全家等：《海林炮台山旧石器遗址发现的石器研究》，《边疆考古研究》（第9辑），科学出版社，2010年。

陈全家等：《吉林寿山桦甸仙人洞旧石器遗址试掘报告》，《人类学学报》1994年第13卷第1期。

陈全家等：《吉林两江镇旧石器地点发现的石器研究》，《草原文物》2011年第2期。

陈全家等：《石人沟林场旧石器地点试掘报告》，《人类学学报》2010年第29卷第4期。

陈全家等：《延边安图立新发现的砾石石器》，《人类学学报》2008年第27卷第1期。
陈全家等：《延边和龙石人沟旧石器遗址2005年试掘报告》，《人类学学报》2010年第29卷第2期。
陈铁梅：《科技考古学》，北京大学出版社，2008年。
陈星灿：《中国史前考古学史研究》，社会科学文献出版社，2007年。
程新民、陈全家、赵海龙、李阳、丁未：《吉林省东部旧石器时代人地关系初探》，《边疆考古研究》（第7辑），科学出版社，2008年。
程新民、陈全家：《长春郊区红嘴子发现哺乳动物化石和旧石器》，《长春地质学院学报》1993年第23卷第2期。
崔剑锋等：《湖南沅水流域战国时期楚墓出土古代玻璃器的成分分析》，《硅酸盐学报》2009年第11期。
崔文元、吴国忠：《珠宝玉石学GAC教程》，地质出版社，2006年。

D

德永重康、森为三：《豆满江沿岸潼关镇发掘报告》，《第1次满蒙学术调查研究团报：第2部第4编》，1939年。
董祝安：《大布苏的细石器》，《人类学学报》1989年第8卷第1期。

F

樊祺诚等：《长白山天池火山双岩浆房岩浆作用与互动式喷发》，《矿物岩石地球化学通报》2007年第26卷第4期。
方启：《吉林省东部地区黑曜岩石器微痕研究》，吉林大学博士学位论文，2009年。

G

高星：《中国旧石器时代考古学的昨天、今天与明天》，《中国科学院古脊椎动物与古人类研究所20世纪旧石器时代考古学研究》，文物出版社，2002年。
郭大顺：《论东北文化区及其前沿》，《文物》1999年第8期；《东北文化区的提出及意义》，《边疆考古研究》（第1辑），科学出版社，2002年。

H

黑龙江省文物考古研究所：《黑龙江省呼玛老卡遗址调查简报》，《北方文物》1996年第2期。
黄慰文：《日本旧石器考古新进展》，《人类学学报》1989年第8卷第1期。

J

姜鹏：《吉林旧石器时代晚期人类生活环境的探讨》，《东北考古与历史》（1），文物出版社，1982年。
姜鹏：《吉林榆树大桥屯发现的旧石器》，《人类学学报》1990年第9卷第1期。
姜鹏：《中国东北旧石器时代晚期文化和狩猎生活之研究》，《更新世近期研究》1986年第3期。
金昌柱等：《中国晚更新世猛犸象扩散事件的探讨》，《古脊椎动物学报》1998年第36卷第1期。

K

Kuzmin, Y. V.：《东北亚地区史前时代的黑曜岩交换网络研究新进展》，《历史与考古信息》2012年第2期。

L

Lee, Heon Jong. Role of Obsidian in Upper Paleolithic, Korea. 黑耀石文化研究，第4号，2006年。

李文漪：《中国第四纪植被与环境》，科学出版社，1998年。

李有骞：《黑龙江流域及东临地区旧石器工业研究》，吉林大学博士学位论文，2009年。

刘嘉麒：《中国火山》，科学出版社，1999年。

刘若新等：《长白山天池火山近代喷发》，科学出版社，1998年。

刘爽、陈全家、吴小红：《吉林省东部旧石器晚期大洞遗址黑曜岩石器判源元素特征分析》，《边疆考古研究》（第13辑），科学出版社，2013年。

刘爽、吴小红、陈全家：《黑曜岩产源研究的国内外研究现状及发展趋势综述》，《边疆考古研究》（第7辑），科学出版社，2008年。

刘爽、吴小红、陈全家：《黑曜岩的考古学研究概述》，《边疆考古研究》（第8辑），科学出版社，2009年。

刘爽、吴小红、陈全家：《黑曜岩风化层与非风化层化学成分变化与风化环境》，《边疆考古研究》（第11辑），科学出版社，2012年。

刘祥、程新民、隋维国：《榆树县周家油坊旧石器新资料》，《长春地质学院学报》1988年第18卷第2期。

M

马秀：《内蒙古锡盟贺斯格乌拉的细石器文化遗存》，《考古学集刊》（第四集），中国社会科学院出版社，1984年。

S

斯塔夫里阿诺斯：《全球通史：从史前史到21世纪》，北京大学出版社，2005年。

T

田禾、陈全家等：《黑龙江省海林市杨林南山旧石器遗址石器研究》，《北方文物》2010年第3期。

W

王昌燧、邱平等：《文物断源研究之成果、心得和思考》，《科技考古论丛》（第三辑），中国科学技术大学出版社，2003年。

王春雪、赵海龙、陈全家：《吉林省东部地区旧石器时代晚期细石叶工业技术分析》，《边疆考古研究》（第8辑），科学出版社，2009年。

王春雪、赵海龙、陈全家：《试析吉林省东部地区旧石器晚期遗址石质品原料的开发与利用》，《人类学学报》（待刊）。

王春雪等：《试析东北地区东部与朝鲜半岛旧石器时代晚期细石叶工业之间的文化关系》，《内蒙古文物考古》2009年第2期。

王春雪等：《试析吉林和龙石人沟旧石器时代晚期遗址古人类的技术与行为》，《边疆考古研究》（第6辑），科学出版社，2007年。
王建等：《下川文化——山西下川遗址调查报告》，《考古学报》1978年第3期。
王祥滨、张志成：《宁安市渤海镇西安村东遗址发掘简报》，《北方文物》2004年第4期。

X

希罗多德：《历史》，商务印书馆，1959年。

Y

鄢明才、迟清华：《中国东部大陆地壳与岩石的化学组成》，科学出版社，1997年。
严文明：《科学技术与考古学》（讲话要点），《科技考古论丛》（第三辑），中国科学技术大学出版社，2003年。
杨大山：《漠河出土的打制石器》，《北方文物》1982年第1期。
于汇历、邹向前：《黑龙江省龙江县缸窑地点的细石器遗存》，《北方文物》1992年第3期。
于汇历：《黑龙江五常学田旧石器文化遗址的初步研究》，《人类学学报》1988年第7卷第3期。

Z

张蓓莉：《系统宝石学》，地质出版社，1997年。
张秉良：《长白山天池火山玻璃和长石微观特征研究》，《地震地质》2006年第28卷第3期。
张富强：《地中海和西亚地区黑曜石考古含义述略》，《世界历史》1988年第4期。
张虎男：《火山》，地震出版社，1986年。
张森水：《中国旧石器工业中的砸击技术》，《“迎接二十一世纪的中国考古学”国际学术讨论会论文集》，科学出版社，1998年。
赵海龙：《黑曜石两面尖状器实验研究及废片分析——以和龙大洞遗址为案例》，吉林大学博士学位论文，2012年。
支霞臣（译）：《痕量元素地球化学译文集》，地质出版社，1987年。
朱之勇、高星：《虎头梁遗址楔型细石核研究》，《人类学学报》2006年第25卷第2期。

外文书目

A

Aspinall, A., etc. Neutron activation analysis of Aegean obsidian. *Nature*, 1972 (237).

B

Badalian, R., etc. An international research project on Armenian archaeological sites: fission-track dating of obsidian. *Radiation Measurements*, 2001 (34).

Bellot-Gurlet, L., etc. The fission-track analysis: an alternative technique for provenance studies of prehistoric obsidian artefacts. *Radiation Measurements*, 1999 (31).

Bellot-Gurlet, L., etc. Obsidian provenance studies in Colombia and Ecuador: obsidian sources revisited. *Journal of Archaeological Science*, 2008 (35).

C

Carter, T., etc. A new programme of obsidian characterization at Catalhoyuk, Turkey. *Journal of Archaeological Science*, 2006 (33).

Chataigner, C., etc. Provenance studies of obsidian artefacts from Armenian archaeological sites using the fission-track dating method. *Journal of Non-Crystalline Solids*, 2003 (323).

Constantinescu, B., etc. Obsidian provenance studies of Transylvania's Neolithic tools using PIXE, micro-PIXE and XRF. *Nuclear Instruments and Methods in Physics Research B*, 2002 (189).

D

Durrani, S. A., etc. Obsidian source identification by fission track analysis. *Nature*, 1971 (233).

E

Eerkens, J. W., etc. Measuring prehistoric mobility strategies based on obsidian geochemical and technological signatures in the Owens Valley, California. *Journal of Archaeological Scienc*e (2007), doi:10.1016/j.jas.2007.05.016 1-13.

G

Giambastiani, M. A. *Prehistoric Obsidian Use on the Volcanic Tableland and its Implications for Settlement Patterns and Technological Change in the Western Great Basin*, 2004.

Gratuze, B. Obsidian characterization by Laser Ablation ICP-MS and its application to prehistoric trade in the Mediterranean and the Near East: sources and distribution of obsidian within the Aegean and Anatolia. *Journal of Archaeological Science*, 1999 (26).

H

Harris, D. C. *Quantitative Chemical Analysis* (Fifth Edition). New York: W. H. Freeman and Company, 1999.

Hester, T. R., etc. *The Obsidian of Tres Zapotes, Veracruz, Mexico*. Papers on Olmec and Maya Archaeology. University of California Department of Anthropology Berkeley, 1971.

Hughes, R. E. *Diachronic variability in obsidian procurement patterns in northeastern California and southcentral Oregon*, 1986.

I

Izuho, M., etc. Archaeological obsidian studies in Hokkaido, Japan: Retrospect and Prospects. *Indo-Pacific Prehistory Association Bulletin*, 2007 (27).

J

Jia, Weiming , etc. Moving sources: A preliminary study of volcanic glass artifact distributions in northeast China using PXRF. *Journal of Archaeological Science*, 2010 (37).

K

Kim J. C., etc. PLXE provenancing of obsidian artifacts from Paleolithic sites in Korea. *INDO-Pacific Prehistory Association Bulletin*, 2007 (27).

Kuzmin, Y. V., etc. Sources archaeological volcanic glass in the primorye (maritime) province,

Russian Far East. *Archaeometry*, 2002, 44 (4).

Kuzmin, Y. V., etc. Sources of archaeological obsidian on Sakhalin Island (Russian Far East). *Journal of Archaeological Science*, 2002 (29).

Kuzmin, Y. V., etc. The geochemistry of the major sources of archaeological obsidian on Hokkaido island (Japan): Shirataki and Oketo. *Archaeometry*, 2012 (4).

M

McDougall, J. M., etc. The magnetic sourcing of obsidian samples from Mediterranean and near Eastern sources. *Journal of Archaeological Science*, 1983, 10 (5).

Milic, M. PXRF characterization of obsidian from central Anatolia, the Aegean and central Europe. *Journal of Archaeological Science*, 2014 (41).

P

Popov, et al. Geochemistry of volcanic glasses from the Paektusan volcano. *Doklady Earth Science*, 2005, 403 (5).

R

Renfrew, C., etc. *Archaeology: Theories Methods and Practice*. Thames and Hudson Ltd., London, 2000.

Renfrew, C., etc. The characterization of obsidian and its application to the Mediterranean Region. *The Proceedings of Prehistoric Society*, 1964 (30).

S

Shackley, M. S. *Archaeological Obsidian Studies Method and Theory*. Plenum Press, 1998.

T

Taylor, R. E., etc. *Advances in Obsidian Glass Studies: Archaeological and Geochemical Perspectives*. Noyes Press, 1967.

Thomas, R. H., etc. *Technology and Geologic Sources of Obsidian Artifacts from Cerro De Las Mesas, Veracruz, Mexico, with Observations on Olmec Trade*. Papers on Olmec and Maya Archaeology. University of California, Department of Anthropology, Berkeley, 1971.

Tykotz, R. H. *Scientific Methods and Applications to Archaeological Provenance Studies*, 2004.

U

Urrutia-Fucugauchi, J. Preliminary result of a rock-magnetic study of obsidians from central Mexico. *Geofisia International*, 1999, 38 (2).

W

Wu, Xiaohong, etc. Early pottery at 20,000 years ago in Xianrendong Cave, China. *Science*, 2012, 336 (6).

X

小畑弘己. *Study on the changes of hunting instruments from Pleistocene to Holocene in Far East and the Sea of Japan Rim*. 平成16年（2004）3月.

附　　表

p-XRF检测大洞遗址黑曜岩主要判源元素Zr、Sr、Rb、元素对比值及分组情况

谱号	样品	遗址	Zr	Sr	Rb	Zr/Sr	Rb/Sr	分组
482	1	大洞砾石	287	17	241	17.19	14.40	B
483	2	大洞砾石	297	22	238	13.50	10.81	B
488	3	大洞砾石	294	19	246	15.88	13.27	B
490	4	大洞砾石	286	22	241	13.14	11.07	B
493	5	大洞砾石	288	19	236	15.41	12.60	B
495	6	大洞砾石	295	16	245	18.60	15.41	B
496	7	大洞砾石	293	16	237	18.78	15.18	B
498	8	大洞砾石	313	23	257	13.68	11.21	B
499	9	大洞砾石	336	36	220	9.23	6.04	A
521	10	大洞砾石	267	17	218	15.74	12.86	B
502	1	大洞石器	296	19	239	15.78	12.78	B
504	2	大洞石器	293	14	250	20.44	17.42	B
505	3	大洞石器	279	19	226	14.61	11.84	B
507	4	大洞石器	285	17	239	16.78	14.08	B
509	5	大洞石器	296	16	251	18.47	15.67	B
510	6	大洞石器	290	20	245	14.57	12.29	B
512	7	大洞石器	293	17	249	17.34	14.73	B
513	8	大洞石器	296	14	256	21.07	18.18	B
515	9	大洞石器	277	14	220	19.57	15.54	B
516	10	大洞石器	297	15	254	19.44	16.63	B
517	11	大洞石器	285	22	228	12.97	10.40	B
518	12	大洞石器	307	16	262	18.90	16.10	B
519	13	大洞石器	343	25	284	13.86	11.46	B
684	07DD. C:707	大洞	265	12	216	22.49	18.29	B
685	1168	大洞	290	16	248	18.20	15.58	B

续表

谱号	样品	遗址	Zr	Sr	Rb	Zr/Sr	Rb/Sr	分组
686	3501	大洞	284	15	244	19.51	16.75	B
687	890	大洞	289	20	238	14.26	11.79	B
688	1828	大洞	285	17	240	16.55	13.94	B
689	1989	大洞	283	14	232	20.89	17.15	B
690	864	大洞	291	15	239	19.35	15.87	B
691	396	大洞	340	27	273	12.70	10.21	B
692	927	大洞	291	30	217	9.63	7.17	A
693	591	大洞	303	21	241	14.33	11.38	B
694	1482	大洞	271	17	221	16.35	13.31	B
695	1923	大洞	296	31	227	9.55	7.32	A
696	2216	大洞	282	14	236	19.73	16.53	B
700	1206	大洞	288	26	228	11.29	8.91	A
703	872	大洞	294	20	243	14.60	12.07	B
704	608	大洞	286	20	240	14.62	12.28	B
705	2284	大洞	291	14	253	21.36	18.54	B
706	1699	大洞	295	16	259	17.96	15.76	B
707	1682	大洞	297	15	252	20.12	17.10	B
710	3183	大洞	211	15	146	13.84	9.58	B
711	4304	大洞	293	14	237	21.07	17.04	B
712	662	大洞	295	22	238	13.41	10.84	B
713	907	大洞	288	17	236	17.09	13.97	B
714	827	大洞	292	15	247	19.67	16.60	B
715	2736	大洞	269	15	225	18.36	15.39	B
716	2014	大洞	298	18	248	16.60	13.81	B
717	4531	大洞	293	29	224	9.98	7.61	A
718	970	大洞	290	20	243	14.31	11.95	B
719	1739	大洞	300	19	251	15.43	12.88	B
720	866	大洞	282	18	234	15.32	12.74	B
721	1637	大洞	288	13	243	22.96	19.38	B
722	1158	大洞	282	17	237	16.79	14.08	B
723	1649	大洞	292	14	248	20.50	17.40	B
724	1116	大洞	287	16	239	18.24	15.22	B

续表

谱号	样品	遗址	Zr	Sr	Rb	Zr/Sr	Rb/Sr	分组
725	3528	大洞	280	19	226	14.39	11.63	B
726	41	大洞	273	14	235	18.99	16.34	B
727	860	大洞	286	19	239	14.87	12.40	B
728	1647	大洞	254	9	227	28.84	25.75	C
729	1093	大洞	271	26	204	10.34	7.80	A
731	1528	大洞	263	19	232	13.70	12.10	B
732	1700	大洞	299	27	234	11.10	8.71	A
733	3516	大洞	247	12	198	20.78	16.60	B
734	1882	大洞	286	18	235	16.22	13.30	B
736	1740	大洞	312	41	207	7.53	5.00	A
737	347	大洞	297	30	223	10.07	7.57	A
738	2215	大洞	289	15	238	18.75	15.43	B
739	2520	大洞	295	14	247	21.70	18.16	B
740	1666	大洞	294	16	248	18.43	15.56	B
741	4516	大洞	293	16	238	18.42	14.99	B
742	609	大洞	290	29	223	9.90	7.63	A
743	4511	大洞	297	22	234	13.51	10.63	B
744	563	大洞	297	16	242	18.08	14.75	B
746	745	大洞	304	16	261	18.50	15.87	B
747	4512	大洞	296	14	243	21.19	17.39	B
748	1088	大洞	403	4	435	90.94	98.19	D
750	4518	大洞	296	15	247	19.94	16.64	B
751	190	大洞	294	13	245	21.84	18.20	B
752	1807	大洞	295	37	210	8.00	5.69	A
753	1414	大洞	292	15	247	18.94	15.98	B
754	1669	大洞	282	20	227	14.44	11.65	B
755	1187	大洞	305	15	252	19.77	16.34	B
756	1505	大洞	294	22	231	13.27	10.41	B
759	902	大洞	288	13	230	22.72	18.16	B
760	3012	大洞	280	16	230	17.38	14.31	B
761	1888	大洞	289	13	240	21.58	17.91	B
763	638	大洞	303	17	248	17.75	14.56	B

续表

谱号	样品	遗址	Zr	Sr	Rb	Zr/Sr	Rb/Sr	分组
764	1727	大洞	288	15	242	19.16	16.13	B
765	7	大洞	289	14	249	21.08	18.16	B
766	843	大洞	296	29	236	10.12	8.06	A
767	1938	大洞	303	30	226	9.94	7.43	A
768	71	大洞	290	18	242	15.91	13.31	B
769	2705	大洞	285	13	238	22.42	18.75	B
770	4519	大洞	289	16	241	18.42	15.32	B
771	1080	大洞	294	14	247	20.64	17.31	B
772	4932	大洞	291	20	239	14.84	12.16	B
773	3513	大洞	295	21	243	14.10	11.64	B
774	3511	大洞	298	31	219	9.56	7.02	A
775	209	大洞	290	21	235	14.11	11.42	B
776	3406	大洞	310	36	213	8.57	5.88	A
777	3504	大洞	288	14	241	20.41	17.08	B
778	1114	大洞	301	20	245	15.15	12.32	B
779	1102	大洞	295	14	249	21.32	18.01	B
780	1084	大洞	299	29	225	10.15	7.64	A
781	1104	大洞	294	19	241	15.81	12.97	B
782	1310	大洞	314	31	245	10.17	7.94	A
783	1073	大洞	299	36	208	8.22	5.71	A
784	1653	大洞	287	14	240	20.99	17.50	B
785	3538	大洞	299	37	209	8.01	5.61	A
787	1322	大洞	288	15	239	19.11	15.85	B
788	2202	大洞	293	14	249	20.74	17.63	B
789	1763	大洞	307	19	257	16.50	13.81	B
790	4554	大洞	282	30	216	9.38	7.18	A
791	1312	大洞	302	18	262	17.15	14.87	B
792	940	大洞	291	13	251	22.44	19.42	B
794	914	大洞	310	33	228	9.43	6.95	A
796	417	大洞	290	32	221	9.11	6.94	A
797	1818	大洞	665	3	969	231.73	337.76	D
799	1496	大洞	287	18	236	16.37	13.48	B

续表

谱号	样品	遗址	Zr	Sr	Rb	Zr/Sr	Rb/Sr	分组
800	948	大洞	291	29	226	9.94	7.72	A
801	1415	大洞	286	14	247	19.89	17.20	B
802	2413	大洞	296	32	227	9.29	7.13	A
803	1081	大洞	288	17	237	16.54	13.64	B
804	692	大洞	299	22	240	13.71	11.01	B
805	1860	大洞	300	20	240	14.87	11.92	B
806	2707	大洞	279	14	231	20.43	16.88	B
807	1696	大洞	284	14	238	20.71	17.36	B
808	3519	大洞	304	33	227	9.10	6.81	A
809	4501	大洞	287	18	239	16.22	13.49	B
810	2638	大洞	300	12	259	24.68	21.26	B
811	2709	大洞	327	32	272	10.09	8.39	A
812	2489	大洞	290	19	243	15.53	13.03	B
813	1072	大洞	290	13	243	22.89	19.17	B
814	191	大洞	292	16	249	18.66	15.88	B
815	1108	大洞	293	13	241	22.89	18.81	B
816	4561	大洞	281	21	230	13.43	10.98	B
817	1321	大洞	278	18	232	15.49	12.92	B
818	3537	大洞	287	13	242	22.49	18.93	B
819	638	大洞	285	31	211	9.29	6.89	A
820	1853	大洞	294	15	249	19.75	16.75	B
821	1655	大洞	301	32	231	9.40	7.24	A
822	1362	大洞	284	14	243	20.20	17.28	B
823	1806	大洞	292	8	252	37.43	32.26	C
824	3500	大洞	290	15	240	19.13	15.81	B
825	935	大洞	294	31	220	9.41	7.03	A
826	107	大洞	290	13	234	22.26	17.93	B
827	1876	大洞	295	21	236	13.94	11.14	B
828	1309	大洞	285	38	204	7.49	5.35	A
829	928	大洞	302	31	221	9.71	7.12	A
830	854	大洞	292	13	243	23.15	19.27	B
831	1318	大洞	304	32	223	9.52	6.99	A

续表

谱号	样品	遗址	Zr	Sr	Rb	Zr/Sr	Rb/Sr	分组
832	111	大洞	298	16	230	18.79	14.49	B
833	1718	大洞	283	14	237	20.83	17.42	B
834	5	大洞	301	32	222	9.49	6.98	A
835	4537	大洞	284	14	245	20.58	17.70	B
836	1083	大洞	293	28	228	10.49	8.16	A
837	899	大洞	293	13	253	21.91	18.90	B
838	3506	大洞	286	15	237	18.51	15.29	B
839	1950	大洞	291	14	245	21.08	17.74	B
840	1175	大洞	292	15	243	18.88	15.76	B
841	1133	大洞	284	8	250	35.65	31.35	C
842	1636	大洞	286	15	240	19.19	16.07	B
843	1402	大洞	292	30	214	9.78	7.17	A
844	856	大洞	287	18	241	16.19	13.62	B
845	3508	大洞	290	33	221	8.73	6.65	A
846	280	大洞	283	16	237	17.92	14.97	B
847	1529	大洞	292	11	244	27.43	22.90	B
848	1554	大洞	293	13	241	23.13	19.01	B
849	1160	大洞	280	19	235	15.07	12.66	B
851	3510	大洞	291	18	230	15.77	12.44	B
852	65	大洞	281	15	245	18.33	16.03	B
853	3704	大洞	303	36	205	8.41	5.69	A
854	1302	大洞	295	17	242	17.58	14.40	B
855	1395	大洞	294	14	244	21.70	18.02	B
856	3709	大洞	291	20	240	14.75	12.18	B
857	4556	大洞	299	32	221	9.36	6.91	A
858	1394	大洞	292	17	240	16.85	13.86	B
859	164	大洞	296	31	216	9.41	6.87	A
860	876	大洞	286	17	236	17.11	14.14	B
861	431	大洞	298	16	249	19.06	15.88	B
862	150	大洞	293	13	246	22.79	19.13	B
863	1848	大洞	286	15	241	19.07	16.05	B
864	1802	大洞	280	14	238	20.29	17.29	B

续表

谱号	样品	遗址	Zr	Sr	Rb	Zr/Sr	Rb/Sr	分组
865	1824	大洞	287	20	267	14.14	13.12	B
866	1501	大洞	287	29	226	9.73	7.66	A
867	1304	大洞	294	15	246	19.44	16.23	B
868	7	大洞	285	15	239	19.05	15.98	B
870	2594	大洞	312	22	260	14.18	11.81	B
871	1679	大洞	282	21	229	13.62	11.04	B
872	1360	大洞	293	13	248	21.98	18.61	B
873	268	大洞	297	19	242	15.36	12.51	B
874	74	大洞	295	16	240	18.15	14.75	B
875	1856	大洞	297	17	240	17.30	13.99	B
876	3165	大洞	290	17	239	16.72	13.83	B
877	1929	大洞	285	15	244	18.67	15.95	B
878	86	大洞	296	31	208	9.66	6.77	A
879	4526	大洞	290	17	245	17.39	14.66	B
880	1111	大洞	294	15	242	19.47	16.03	B
881	1723	大洞	294	17	245	16.85	14.04	B
882	2754	大洞	320	20	266	16.23	13.49	B
883	2243	大洞	293	19	232	15.49	12.24	B
884	886	大洞	299	20	240	15.07	12.08	B
885	1950	大洞	289	20	239	14.26	11.81	B
886	2830	大洞	299	18	235	16.39	12.85	B
887	522	大洞	299	16	244	18.51	15.11	B
888	1652	大洞	306	39	202	7.88	5.19	A
889	1323	大洞	284	14	246	19.67	17.00	B
890	1503	大洞	292	19	242	15.61	12.93	B
891	1257	大洞	294	17	241	16.90	13.84	B
892	1112	大洞	295	31	221	9.53	7.14	A
893	2585	大洞	292	16	244	17.87	14.94	B
894	1371	大洞	296	15	231	19.21	14.97	B
895	3523	大洞	284	14	239	20.05	16.89	B
896	1358	大洞	306	31	223	9.72	7.09	A
897	1372	大洞	289	14	238	20.28	16.71	B

续表

谱号	样品	遗址	Zr	Sr	Rb	Zr/Sr	Rb/Sr	分组
898	4506	大洞	294	32	216	9.19	6.75	A
899	1691	大洞	298	17	244	17.81	14.59	B
900	193	大洞	292	22	250	13.25	11.34	B
901	1646	大洞	296	36	217	8.25	6.05	A
902	1106	大洞	280	14	239	19.78	16.91	B
903	612	大洞	296	20	241	14.50	11.82	B
904	1127	大洞	294	21	243	13.90	11.48	B
905	943	大洞	294	14	248	21.67	18.24	B
906	1886	大洞	289	15	245	19.71	16.70	B
907	10	大洞	296	31	225	9.62	7.30	A
908	1799	大洞	288	14	238	20.18	16.63	B
909	2702	大洞	296	17	244	17.90	14.74	B
910	1801	大洞	283	20	237	14.39	12.04	B
911	3777	大洞	293	29	219	10.07	7.50	A
912	1101	大洞	285	18	237	15.80	13.17	B
913	1716	大洞	280	20	236	14.22	12.00	B
914	1223	大洞	292	19	246	15.16	12.77	B
915	1883	大洞	297	20	236	15.02	11.96	B
916	4539	大洞	276	13	241	21.02	18.34	B
917	4559	大洞	273	14	237	18.95	16.42	B
918	104	大洞	295	18	247	16.03	13.42	B
919	1100	大洞	297	6	260	47.47	41.48	C
920	4550	大洞	297	39	201	7.58	5.14	A
921	315-1	大洞	292	27	226	10.62	8.21	A
923	26	大洞	283	16	242	18.19	15.57	B
924	507	大洞	287	12	247	22.98	19.80	B
925	283	大洞	292	14	242	21.30	17.68	B
926	399	大洞	292	19	244	15.18	12.72	B
927	3101	大洞	291	32	217	9.08	6.78	A
928	2241	大洞	313	33	206	9.38	6.17	A
929	550	大洞	297	35	211	8.45	5.99	A
930	3509	大洞	299	28	230	10.51	8.10	A

续表

谱号	样品	遗址	Zr	Sr	Rb	Zr/Sr	Rb/Sr	分组
931	2203	大洞	291	14	249	20.86	17.85	B
932	1697	大洞	3353	10	547	329.70	53.74	D
933	2714	大洞	285	19	239	14.94	12.52	B
934	315-2	大洞	286	28	223	10.16	7.92	A
935	208	大洞	292	20	241	14.38	11.87	B
936	3711	大洞	280	13	243	20.74	18.03	B
937	1558	大洞	289	20	237	14.80	12.10	B
938	883	大洞	301	20	245	14.97	12.22	B
939	1366	大洞	286	14	246	20.28	17.42	B
940	4508	大洞	294	21	242	14.32	11.78	B
941	913	大洞	286	19	233	14.89	12.12	B
942	1932	大洞	296	15	252	19.18	16.31	B
943	1134	大洞	293	17	237	17.03	13.75	B
944	1645	大洞	298	15	247	20.26	16.83	B
946	17	大洞	294	31	218	9.58	7.10	A
947	4528	大洞	291	13	250	22.21	19.05	B
948	1833	大洞	297	16	238	18.67	14.92	B
949	1313	大洞	292	20	234	14.93	11.95	B
950	1695	大洞	295	41	204	7.18	4.98	A
951	752	大洞	293	24	241	12.02	9.88	B
952	3535	大洞	280	13	232	21.03	17.44	B
953	1348	大洞	303	31	218	9.69	6.97	A
954	1371	大洞	291	16	245	18.55	15.64	B
955	1357	大洞	289	17	235	16.63	13.48	B
956	1694	大洞	295	22	239	13.65	11.04	B
957	1131	大洞	294	32	219	9.15	6.82	A
958	3533	大洞	281	13	234	21.47	17.88	B
959	1532	大洞	284	36	196	7.91	5.48	A
961	1448	大洞	292	17	241	17.24	14.27	B
962	1882	大洞	285	19	237	15.13	12.57	B
963	938	大洞	305	31	225	9.91	7.30	A
964	1731	大洞	296	31	221	9.67	7.22	A

续表

谱号	样品	遗址	Zr	Sr	Rb	Zr/Sr	Rb/Sr	分组
966	1985	大洞	283	15	229	18.34	14.85	B
967	1880	大洞	269	13	225	20.74	17.39	B
969	2437	大洞	297	14	251	21.95	18.58	B
970	1089	大洞	297	20	242	14.81	12.08	B
971	1863	大洞	293	18	234	16.13	12.87	B
972	508	大洞	293	13	247	22.96	19.32	B
973	2403	大洞	298	26	240	11.48	9.22	B
974	3783	大洞	299	16	249	19.01	15.84	B
975	3533	大洞	314	19	242	16.90	13.03	B
976	30	大洞	293	16	245	18.68	15.66	B
977	855	大洞	304	7	255	41.19	34.64	C
978	3071	大洞	288	27	216	10.67	8.01	A
979	1878	大洞	297	29	229	10.20	7.84	A
980	1757	大洞	287	14	234	20.29	16.55	B
981	1592	大洞	296	19	242	15.53	12.69	B
982	899	大洞	290	31	222	9.32	7.12	A
983	315-3	大洞	294	15	249	19.60	16.60	B
984	315-4	大洞	294	13	255	22.13	19.22	B
985	315-5	大洞	285	15	248	19.09	16.57	B
986	75	大洞	283	14	242	20.43	17.48	B
987	1816	大洞	299	15	255	20.20	17.22	B
988	2054	大洞	295	19	239	15.22	12.35	B
989	80	大洞	289	16	246	18.58	15.77	B
990	3523	大洞	299	15	260	19.65	17.06	B
991	2808	大洞	297	15	255	20.44	17.51	B
992	3961	大洞	302	20	247	14.89	12.20	B
993	2249	大洞	296	32	219	9.24	6.82	A
994	1514	大洞	294	21	248	13.95	11.77	B
995	4564	大洞	335	17	303	19.32	17.48	B
996	624	大洞	278	11	241	24.75	21.43	B
997	1014	大洞	301	31	228	9.64	7.32	A
998	3517	大洞	292	7	263	42.32	38.22	C

续表

谱号	样品	遗址	Zr	Sr	Rb	Zr/Sr	Rb/Sr	分组
999	4542	大洞	285	21	232	13.83	11.29	B
1000	1145	大洞	300	31	224	9.70	7.24	A
1001	2283	大洞	303	15	254	20.19	16.93	B
1002	2766	大洞	296	20	243	15.14	12.40	B
1003	328	大洞	298	16	253	18.61	15.80	B
1004	1732	大洞	301	18	254	16.78	14.17	B
1005	4520	大洞	295	11	244	26.94	22.30	B
1006	1783	大洞	286	14	241	19.91	16.81	B
1007	1785	大洞	293	18	234	15.88	12.69	B
1008	1217	大洞	299	16	247	19.07	15.75	B
1009	763	大洞	308	18	250	17.56	14.24	B
1010	3601	大洞	296	15	246	20.04	16.67	B
1011	3108	大洞	289	21	236	13.86	11.33	B
1012	43	大洞	303	21	239	14.13	11.16	B
1013	190	大洞	292	14	248	20.27	17.17	B
1014	204	大洞	295	23	236	13.09	10.46	B
1015	1363	大洞	291	32	216	9.16	6.78	A
1016	1341	大洞	381	8	281	46.72	34.46	C
1017	1706	大洞	297	15	239	20.03	16.11	B
1018	3180	大洞	283	16	245	17.74	15.33	B
1019	1559	大洞	309	34	230	9.10	6.77	A
1020	277	大洞	297	33	227	8.92	6.82	A
1021	232	大洞	289	30	220	9.57	7.29	A
1022	3107	大洞	293	17	242	17.56	14.52	B
1023	525	大洞	312	24	230	13.08	9.64	B
1024	3807	大洞	303	29	230	10.31	7.81	A
1025	1369	大洞	276	15	237	17.90	15.40	B
1026	1693	大洞	295	16	246	18.90	15.74	B
1027	917	大洞	289	19	237	15.01	12.34	B
1028	184	大洞	293	15	240	19.67	16.11	B
1029	505	大洞	281	29	203	9.56	6.92	A
1030	210	大洞	281	15	229	19.27	15.68	B

续表

谱号	样品	遗址	Zr	Sr	Rb	Zr/Sr	Rb/Sr	分组
1031	1433	大洞	289	28	227	10.25	8.06	A
1032	1305	大洞	289	14	251	20.51	17.78	B
1033	255	大洞	287	14	234	19.89	16.21	B
1034	533	大洞	288	19	232	14.97	12.02	B
1035	313	大洞	337	40	226	8.48	5.69	A
1036	1885	大洞	304	15	253	20.21	16.79	B
1037	2208	大洞	326	42	201	7.85	4.83	A
1038	865	大洞	294	23	251	12.99	11.09	B
1041	3770	大洞	282	20	232	13.85	11.41	B
1045	313	大洞	343	34	207	10.06	6.08	A
1046	1868	大洞	289	17	242	17.22	14.41	B
1047	3745	大洞	308	43	217	7.20	5.08	A
1048	23	大洞	281	14	238	19.89	16.81	B
1049	1707	大洞	288	19	235	15.18	12.42	B
1050	1097	大洞	294	15	247	19.25	16.15	B
1051	1487	大洞	305	34	225	9.10	6.70	A
1052	524	大洞	299	40	209	7.45	5.20	A
1054	3166	人洞	305	44	207	6.92	4.69	A
1055	3106	大洞	282	20	221	13.94	10.95	B
1056	1983	大洞	1978	7	329	295.60	49.12	D
1057	1703	大洞	289	16	253	17.95	15.72	B
1059	1041	大洞	283	14	237	19.68	16.45	B
1060	3527	大洞	295	15	249	20.11	16.96	B
1061	3153	大洞	290	36	197	8.18	5.56	A
1062	3170	大洞	297	42	204	7.13	4.89	A
1063	2986	大洞	317	17	260	18.31	15.04	B
1064	3719	大洞	292	16	246	18.62	15.67	B
1066	703	大洞	292	39	202	7.51	5.20	A
1067	1808	大洞	285	28	220	10.27	7.96	A
1068	1583	大洞	299	20	233	15.09	11.76	B
1069	1368	大洞	397	4	442	98.46	109.67	D
1070	1441	大洞	314	38	204	8.23	5.34	A

续表

谱号	样品	遗址	Zr	Sr	Rb	Zr/Sr	Rb/Sr	分组
1071	1327	大洞	302	29	231	10.41	7.96	A
1072	2744	大洞	301	33	232	9.21	7.09	A
1074	2476	大洞	324	42	205	7.79	4.94	A
1077	3775	大洞	285	35	208	8.07	5.90	A
1078	1294	大洞	303	19	252	16.08	13.36	B
1079	1683	大洞	292	16	245	18.14	15.21	B
1080	2537	大洞	304	17	241	17.95	14.23	B
1081	1736	大洞	296	19	251	15.48	13.14	B
1082	2541	大洞	299	15	247	20.16	16.68	B
1085	2627	大洞	310	36	205	8.54	5.66	A
1084	2474	大洞	280	15	229	18.74	15.38	B
1086	1178	大洞	301	32	222	9.49	7.00	A
1087	1758	大洞	289	19	237	15.28	12.56	B
1088	1661	大洞	297	31	217	9.52	6.96	A
1089	3161	大洞	371	40	212	9.29	5.32	A
1091	1965	大洞	297	13	243	22.79	18.64	B
1093	1760	大洞	299	20	243	14.83	12.09	B
1094	1944	大洞	314	36	203	8.76	5.67	A
1095	1747	大洞	291	17	251	17.46	15.04	B
1096	55	大洞	294	18	243	16.78	13.90	B
1097	681	大洞	297	22	239	13.60	10.92	B
1098	824	大洞	297	20	241	15.19	12.30	B
1099	DDSQ-14	大洞	288	17	243	16.58	14.03	B
1100	2432	大洞	288	18	235	16.37	13.36	B
1101	704	大洞	282	17	237	16.65	13.96	B
1102	1417	大洞	295	16	242	18.02	14.80	B
1103	3182	大洞	300	32	229	9.30	7.10	A
1104	3137	大洞	312	33	249	9.46	7.56	A
1105	3534	大洞	261	31	178	8.47	5.79	A
1106	1892	大洞	304	22	244	13.71	11.03	B
1107	275	大洞	298	15	249	20.56	17.15	B
1108	4035	大洞	328	34	243	9.60	7.10	A

续表

谱号	样品	遗址	Zr	Sr	Rb	Zr/Sr	Rb/Sr	分组
1110	4701	大洞	308	31	232	9.98	7.51	A
1112	3105	大洞	281	19	232	14.72	12.18	B
1114	231	大洞	299	28	232	10.69	8.29	A
1115	3154	大洞	294	35	196	8.45	5.65	A
1118	315.4	大洞	290	38	196	7.70	5.22	A
1120	911	大洞	286	20	238	14.02	11.65	B
1123	3171	大洞	306	22	244	13.89	11.07	B
1125	3114	大洞	296	18	250	16.29	13.72	B
1126	3139	大洞	304	41	209	7.41	5.10	A
1129	1336	大洞	302	32	225	9.56	7.13	A
1132	1591	大洞	293	29	227	10.24	7.93	A
1134	959	大洞	287	20	219	14.43	11.04	B
1136	2160	大洞	302	15	254	20.82	17.52	B
1138	3155	大洞	302	16	262	19.38	16.80	B
1140	3087	大洞	296	16	248	18.68	15.60	B
1142	2703	大洞	300	21	232	14.28	11.04	B
1143	2012	大洞	289	15	236	19.81	16.18	B
1144	934	大洞	295	22	240	13.63	11.08	B
1147	16	大洞	288	14	249	20.68	17.90	B
1148	760	大洞	338	35	210	9.58	5.96	A
1149	3128	大洞	319	20	272	15.91	13.56	B
1150	2487	大洞	309	19	247	15.91	12.71	B
1151	336	大洞	299	16	248	18.24	15.11	B
1152	3241	大洞	317	22	248	14.34	11.23	B
1153	58	大洞	296	17	240	16.90	13.71	B
1154	2520	大洞	306	17	264	17.69	15.28	B
1155	2520	大洞	296	20	242	14.55	11.92	B
1156	2706	大洞	283	26	221	10.77	8.40	A
1157	1972	大洞	290	29	215	10.07	7.48	A
1158	1988	大洞	295	22	245	13.41	11.12	B
1159	1995	大洞	309	31	229	9.87	7.29	A
1160	1447	大洞	291	17	236	16.82	13.67	B

续表

谱号	样品	遗址	Zr	Sr	Rb	Zr/Sr	Rb/Sr	分组
1161	548	大洞	287	19	234	15.26	12.47	B
1162	8	大洞	297	17	239	17.79	14.28	B
1163	211	大洞	288	20	241	14.59	12.20	B
1164	2871	大洞	294	19	240	15.32	12.50	B
1165	1968	大洞	291	19	239	15.12	12.41	B
1166	602	大洞	296	15	245	19.23	15.91	B
1167	DDSQ-15	大洞	293	16	249	18.00	15.26	B
1168	386	大洞	298	17	249	17.28	14.43	B
1169	3792	大洞	302	33	235	9.12	7.09	A
1170	3138	大洞	298	21	236	14.41	11.40	B
1171	1029	大洞	299	15	252	20.57	17.36	B
1172	2679	大洞	302	18	254	17.03	14.29	B
1173	3133	大洞	295	34	221	8.60	6.43	A
1174	2792	大洞	312	39	224	7.99	5.73	A
1175	3136	大洞	295	17	249	17.52	14.77	B
1176	3168	大洞	309	37	205	8.46	5.61	A
1179	3702	大洞	311	39	216	8.06	5.60	A
1181	4597	大洞	288	15	244	19.07	16.17	B
1182	1891	大洞	293	15	243	19.50	16.22	B
1183	301	大洞	289	18	241	15.81	13.16	B
1184	3008	大洞	297	21	241	14.38	11.66	B
1185	945	大洞	304	39	203	7.75	5.18	A
1186	1906	大洞	292	41	211	7.20	5.19	A
1187	1401	大洞	313	38	208	8.30	5.51	A
1188	60	大洞	284	15	241	18.63	15.82	B
1189	1735	大洞	271	19	221	14.13	11.50	B
1191	3069	大洞	282	38	203	7.33	5.27	A
1192	1365	大洞	331	20	304	16.80	15.40	B
1193	573	大洞	295	40	195	7.29	4.81	A
1194	1934	大洞	301	44	209	6.87	4.76	A
1195	62	大洞	285	18	227	15.76	12.57	B
1196	373	大洞	288	38	199	7.52	5.19	A

续表

谱号	样品	遗址	Zr	Sr	Rb	Zr/Sr	Rb/Sr	分组
1197	47	大洞	293	36	200	8.11	5.54	A
1198	1520	大洞	306	35	194	8.68	5.51	A
1199	403	大洞	339	49	183	6.87	3.70	A
1200	138	大洞	291	15	249	20.06	17.17	B
1201	269	大洞	305	40	201	7.62	5.01	A
1202	1746	大洞	291	20	235	14.69	11.87	B
1203	2081	大洞	309	36	197	8.59	5.47	A
1204	1374	大洞	312	37	197	8.56	5.39	A
1205	2055	大洞	301	37	208	8.03	5.56	A
1206	3082	大洞	276	14	235	20.12	17.17	B
1207	4547	大洞	291	14	246	20.21	17.05	B
1209	2138	大洞	308	35	200	8.89	5.78	A
1210	2188	大洞	285	38	196	7.55	5.19	A
1211	1609	大洞	330	35	203	9.41	5.79	A
1212	1174	大洞	332	37	204	9.01	5.54	A
1213	3078	大洞	298	34	208	8.66	6.06	A
1214	244	大洞	297	33	199	9.04	6.05	A
1215	4575	大洞	286	16	236	17.40	14.37	B
1216	1873	大洞	301	19	243	15.70	12.68	B
1217	139	大洞	299	39	213	7.69	5.48	A
1218	347	大洞	294	33	226	9.04	6.96	A
1219	346	大洞	331	38	198	8.73	5.23	A
1220	444	大洞	314	35	204	9.07	5.88	A
1221	1524	大洞	298	15	251	20.07	16.96	B
1222	531	大洞	298	38	213	7.88	5.63	A
1223	487	大洞	292	33	207	8.85	6.30	A
1224	3031	大洞	286	14	241	20.06	16.94	B
1225	1570	大洞	309	15	259	20.29	16.99	B
1226	596	大洞	324	42	208	7.72	4.94	A
1227	1951	大洞	314	20	260	15.72	13.03	B
1228	741	大洞	308	38	222	8.05	5.79	A
1229	4701	大洞	336	54	211	6.28	3.94	A

续表

谱号	样品	遗址	Zr	Sr	Rb	Zr/Sr	Rb/Sr	分组
1230	614	大洞	301	33	203	9.02	6.07	A
1231	1686	大洞	323	18	277	18.23	15.61	B
1232	434	大洞	292	36	195	8.02	5.36	A
1233	1087	大洞	288	17	238	17.12	14.09	B
1234	3893	大洞	300	34	210	8.84	6.19	A
1235	1518	大洞	291	28	225	10.41	8.07	A
1236	2485	大洞	337	19	307	18.20	16.57	B
1237	3983	大洞	332	23	284	14.31	12.25	B
1238	1043	大洞	326	19	276	16.91	14.34	B
1239	4703	大洞	273	16	229	17.34	14.52	B
1240	1842	大洞	290	20	244	14.22	11.94	B
1241	903	大洞	298	20	246	14.70	12.17	B
1242	3011	大洞	313	35	221	8.99	6.35	A
1243	103	大洞	296	19	247	15.90	13.25	B
1244	3059	大洞	319	40	211	8.03	5.31	A
1245	3766	大洞	301	17	246	17.55	14.35	B
1246	200	大洞	318	17	284	18.65	16.66	B
1247	3057	大洞	306	15	261	19.89	16.99	B
1248	1670	大洞	303	39	210	7.71	5.36	A
1249	966	大洞	285	41	196	6.98	4.82	A
1250	429	大洞	294	20	244	15.03	12.47	B
1251	2851	大洞	323	24	269	13.47	11.22	B
1252	691	大洞	298	34	213	8.72	6.22	A
1253	1657	大洞	301	20	248	14.88	12.24	B
1254	177	大洞	319	18	288	17.98	16.25	B
1255	273	大洞	291	20	233	14.20	11.39	B
1256	1095	大洞	298	7	254	41.21	35.16	C
1257	3003	大洞	283	13	242	21.46	18.36	B
1258	1364	大洞	301	32	229	9.46	7.20	A
1259	1259	大洞	303	33	230	9.25	7.04	A
1260	1515	大洞	303	39	213	7.85	5.53	A
1261	1586	大洞	361	35	202	10.17	5.71	A

续表

谱号	样品	遗址	Zr	Sr	Rb	Zr/Sr	Rb/Sr	分组
1263	3005	大洞	291	35	207	8.22	5.85	A
1264	3064	大洞	311	29	236	10.83	8.23	A
1265	4002	大洞	302	45	208	6.73	4.64	A
1266	3016	大洞	286	13	248	22.18	19.21	B
1267	1606	大洞	298	15	251	19.80	16.64	B
1268	2510	大洞	280	14	241	20.08	17.29	B
1269	46	大洞	289	14	242	20.46	17.17	B
1270	695	大洞	331	35	191	9.54	5.48	A
1271	4707	大洞	307	33	203	9.22	6.09	A
1272	4710	大洞	288	37	204	7.70	5.46	A
1273	1461	大洞	311	20	252	15.31	12.40	B
1275	2412	大洞	305	33	195	9.32	5.96	A
1276	1006	大洞	960	2	735	395.20	302.54	D
1277	3830	大洞	316	37	208	8.43	5.55	A
1278	4716	大洞	304	39	213	7.78	5.45	A
1438	07DD. C2030	大洞	303	15	262	20.12	17.38	B

附　　图

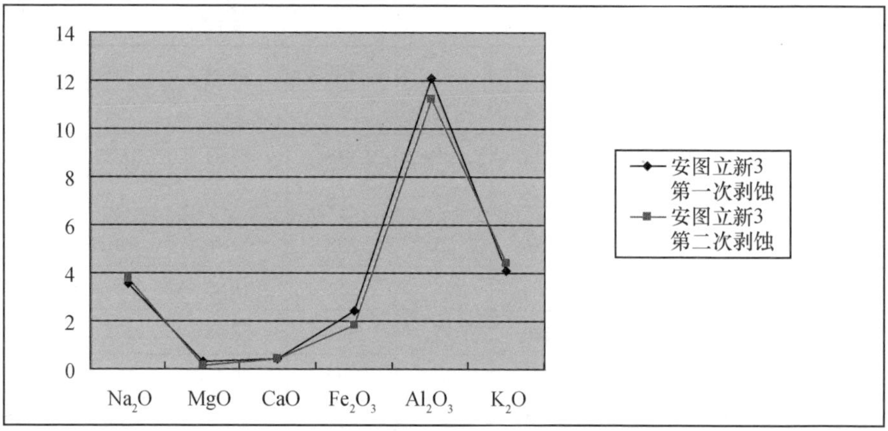

附图3-1　LA-ICP-AES检测安图立新3同一位置激光剥蚀两次主次量元素含量折线图

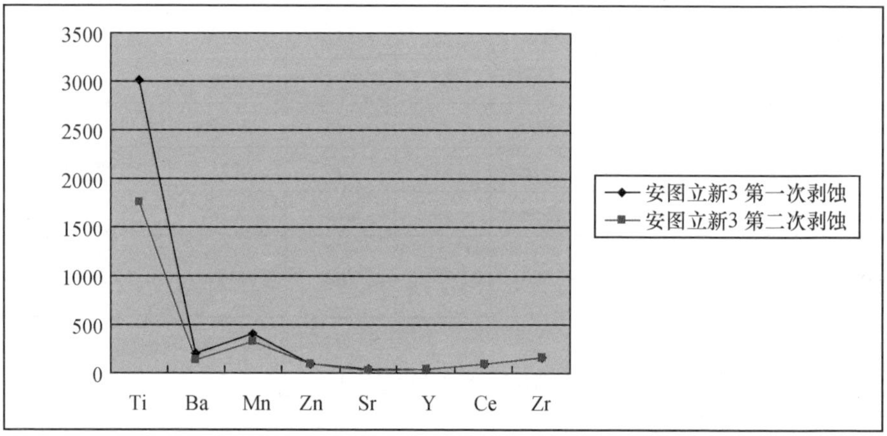

附图3-2　LA-ICP-AES检测安图立新3同一位置激光剥蚀两次微元素含量折线图

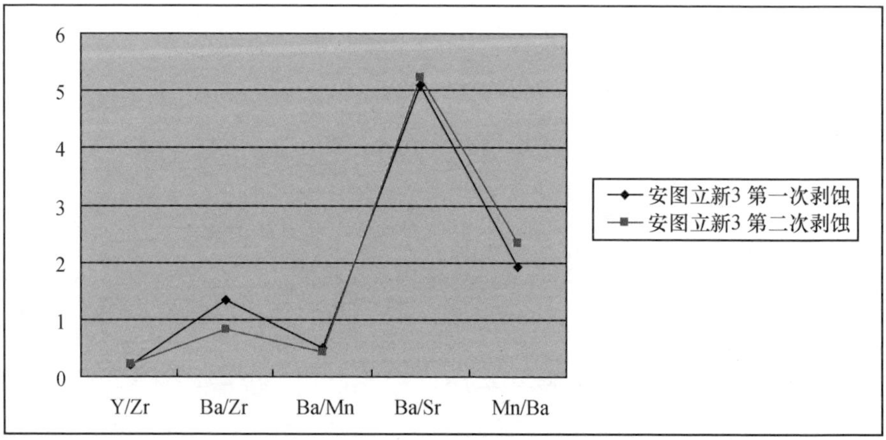

附图3-3　LA-ICP-AES检测安图立新3同一位置激光剥蚀两次微量元素对比值折线图

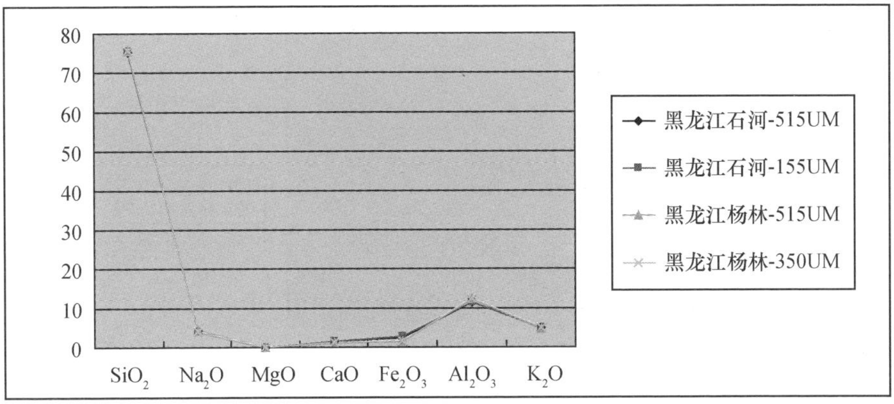

附图3-4　LA-ICP-AES不同激光剥蚀直径检测黑曜岩制品（两件）主次量元素含量折线图

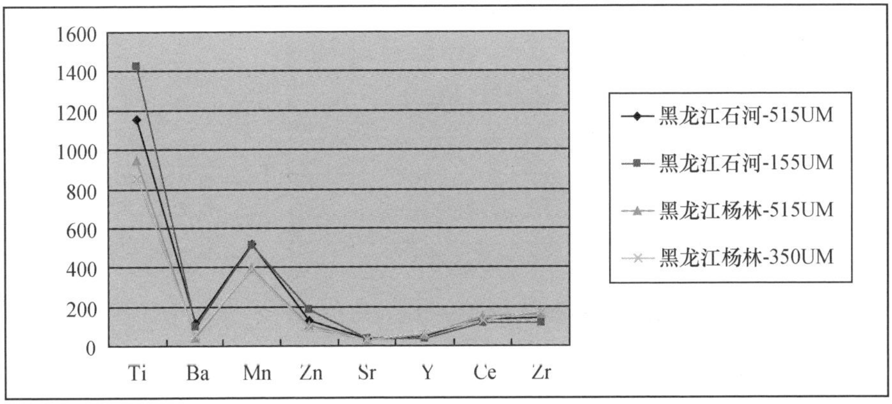

附图3-5　LA-ICP-AES不同激光剥蚀直径检测黑曜岩制品（两件）微量元素含量折线图

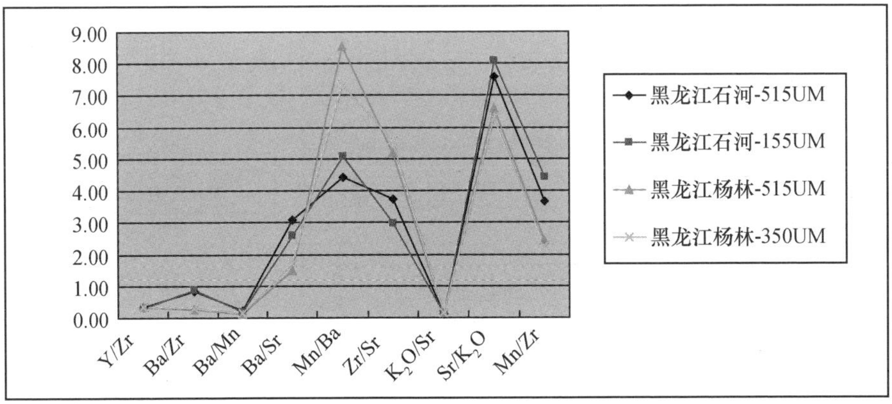

附图3-6　LA-ICP-AES不同激光剥蚀直径检测黑曜岩制品（两件）微量元素对比值折线图

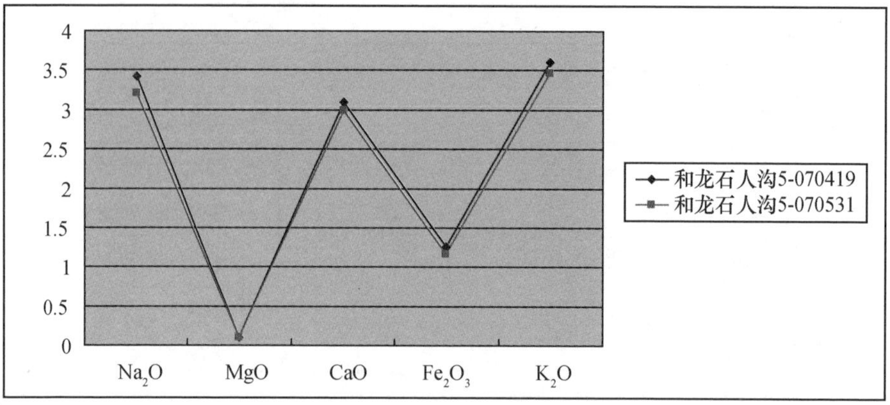

附图3-7　LA-ICP-AES不同时间检测黑曜岩制品和龙石人沟5主次量元素含量折线图

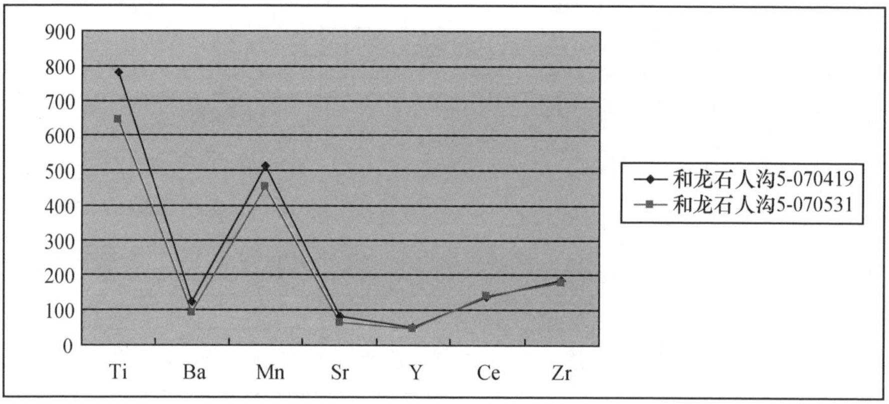

附图3-8　LA-ICP-AES不同时间检测黑曜岩制品和龙石人沟5微量元素含量折线图

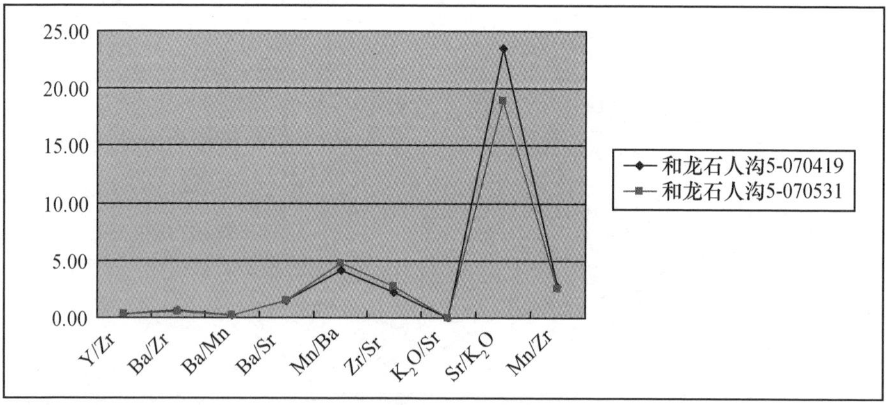

附图3-9　LA-ICP-AES不同时间检测黑曜岩制品和龙石人沟5微量元素对比值折线图

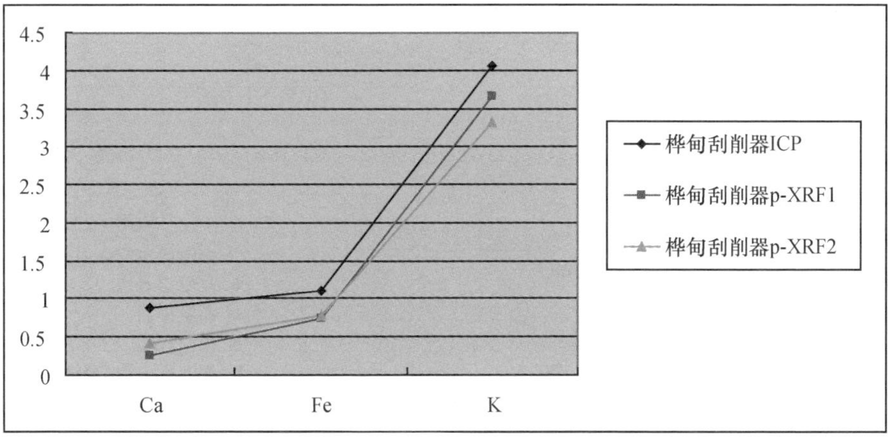

附图3-10　LA-ICP-AES和p-XRF检测桦甸刮削器主次量元素含量折线图

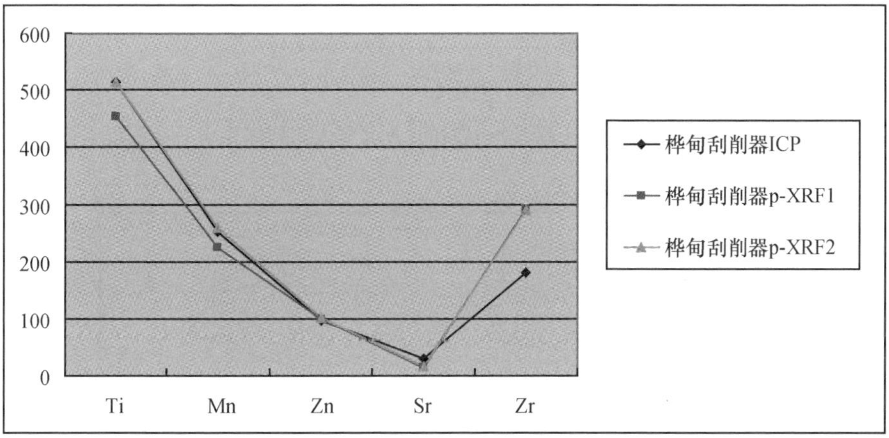

附图3-11　LA-ICP-AES和p-XRF检测桦甸刮削器微量元素含量折线图

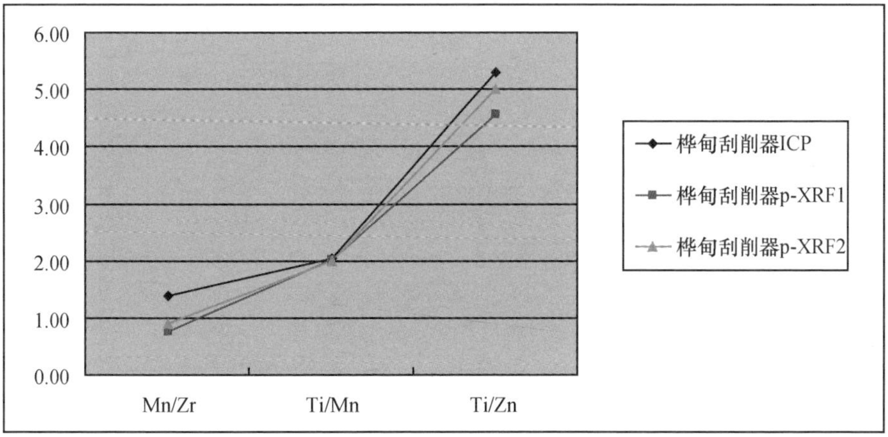

附图3-12　LA-ICP-AES和p-XRF检测桦甸刮削器微量元素对比值折线图

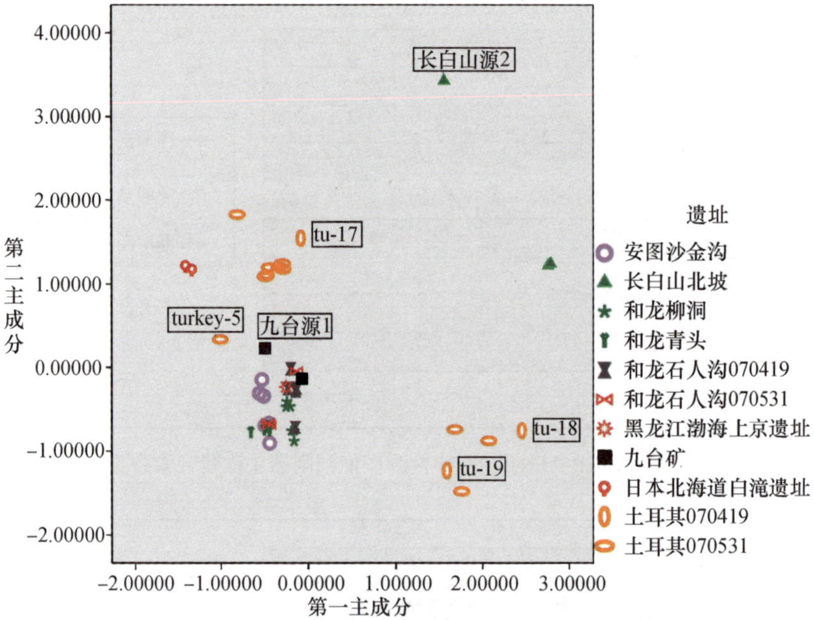

附图3-13　和龙石人沟和土耳其不同时间LA-ICP-AES检测主成分分析散点图

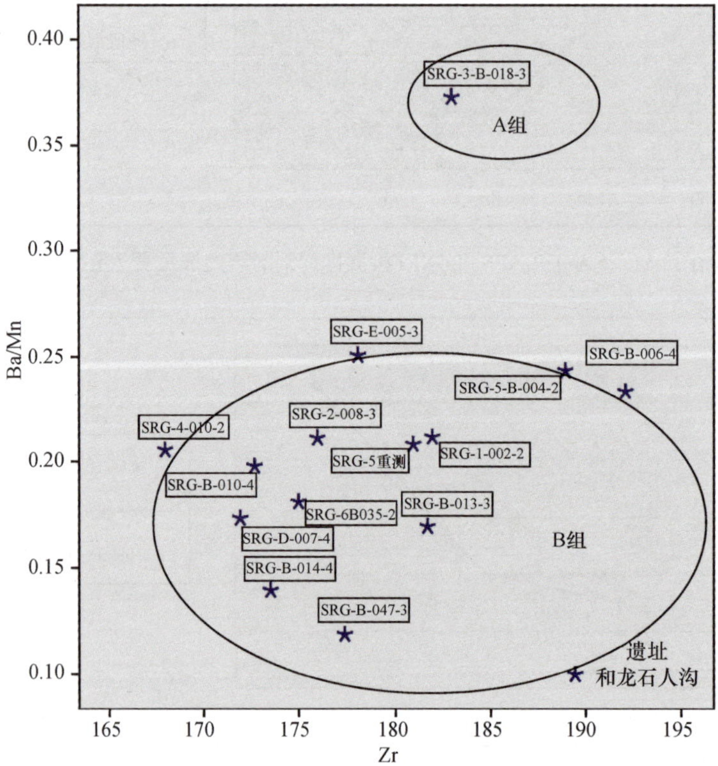

附图3-14　LA-ICP-AES检测石人沟遗址黑曜岩制品Ba/Mn-Zr散点图

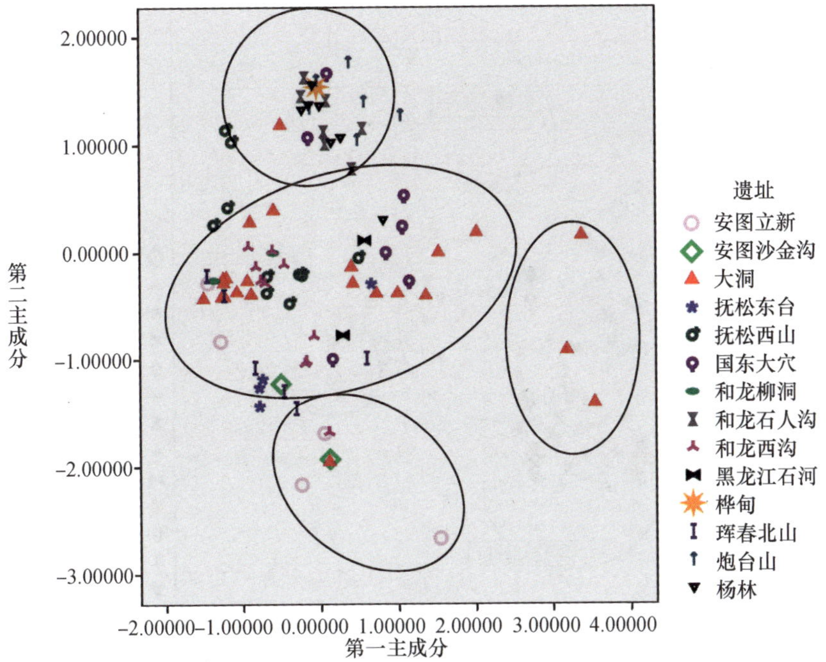

附图4-1　LA-ICP-AES检测中国东北地区十四遗址黑曜岩制品判源元素主成分分析图

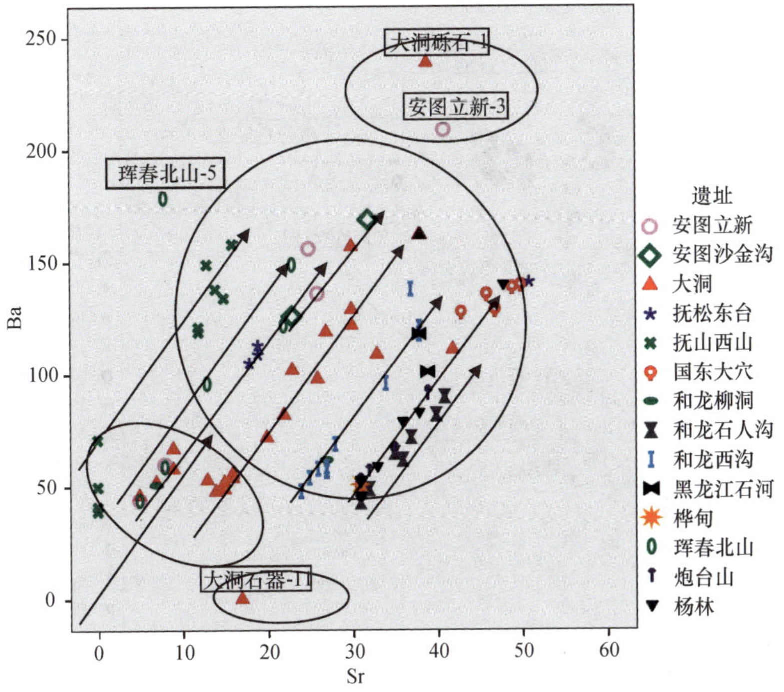

附图4-2　LA-ICP-AES检测中国东北地区十四遗址黑曜岩制品判源元素Ba-Sr散点图

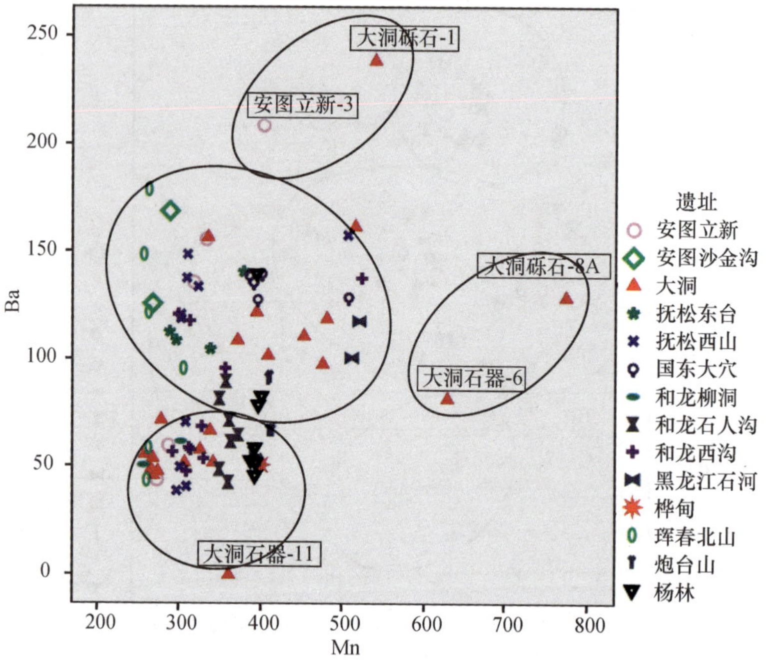

附图4-3　LA-ICP-AES检测中国东北地区十四遗址黑曜岩制品判源元素Ba-Mn散点图

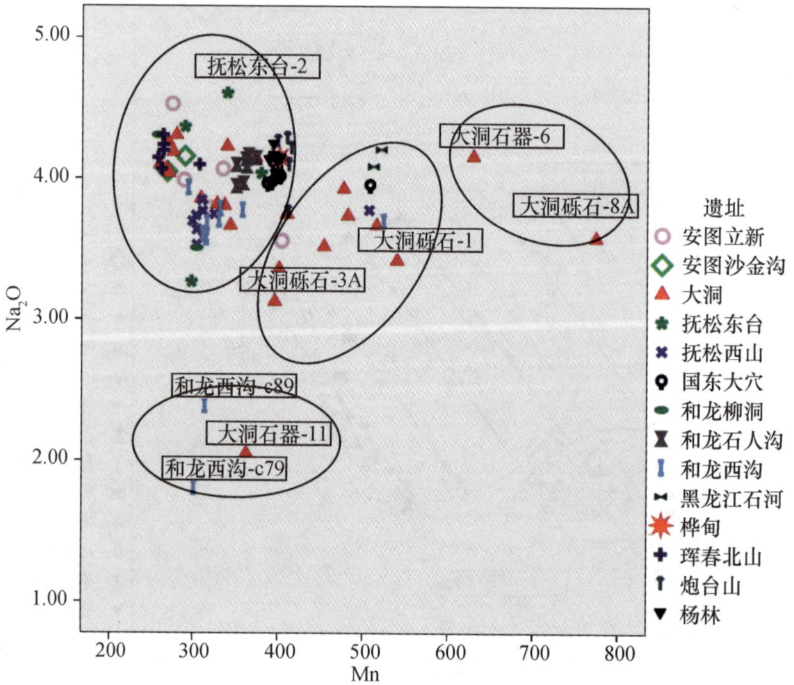

附图4-4　LA-ICP-AES检测中国东北地区十四遗址黑曜岩制品Na_2O-Mn散点图

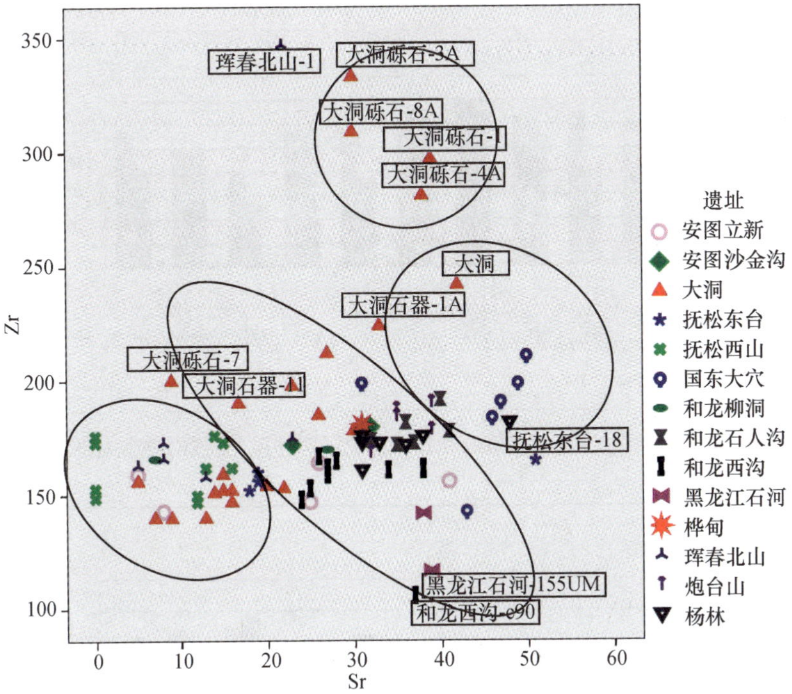

附图4-5　LA-ICP-AES检测中国东北地区十四遗址黑曜岩制品Zr-Sr散点图

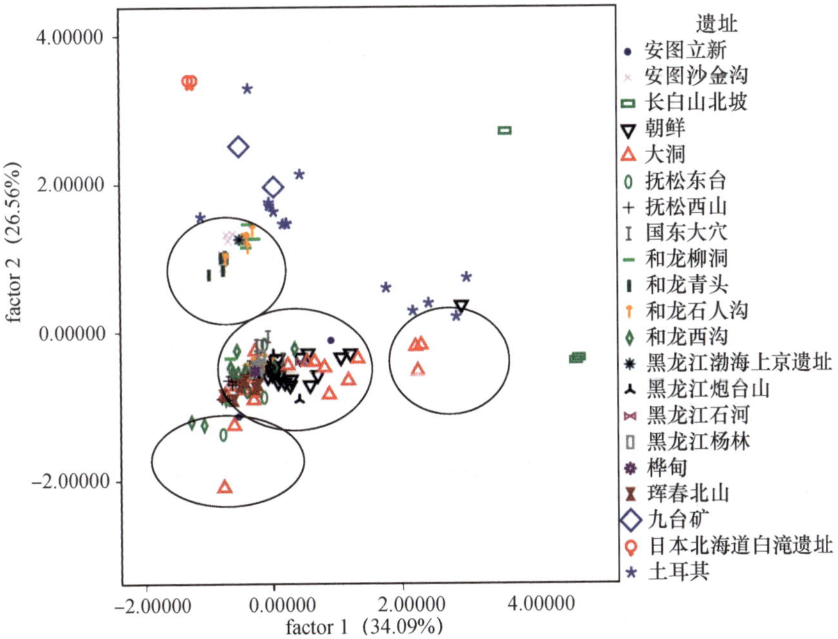

附图4-6　LA-ICP-AES检测中国东北地区和朝日土黑曜岩主成分分析散点图

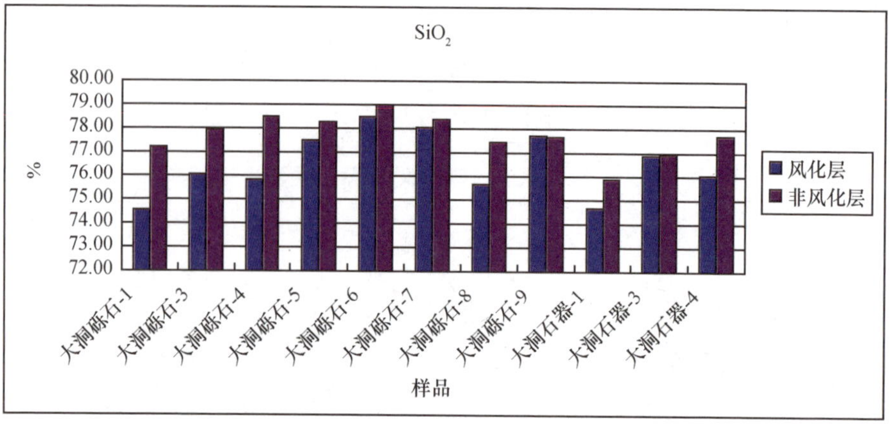

附图4-7　大洞遗址黑曜岩砾石和石器风化层和非风化层SiO_2含量柱形图

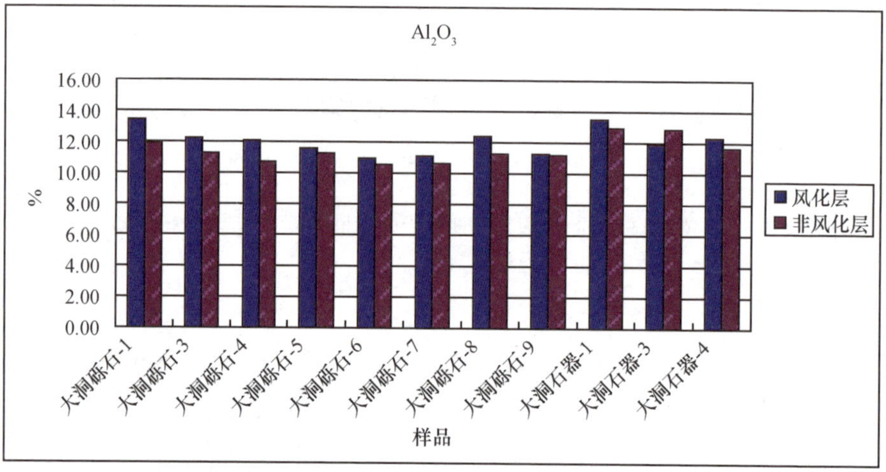

附图4-8　大洞遗址黑曜岩砾石和石器风化层和非风化层Al_2O_3含量柱形图

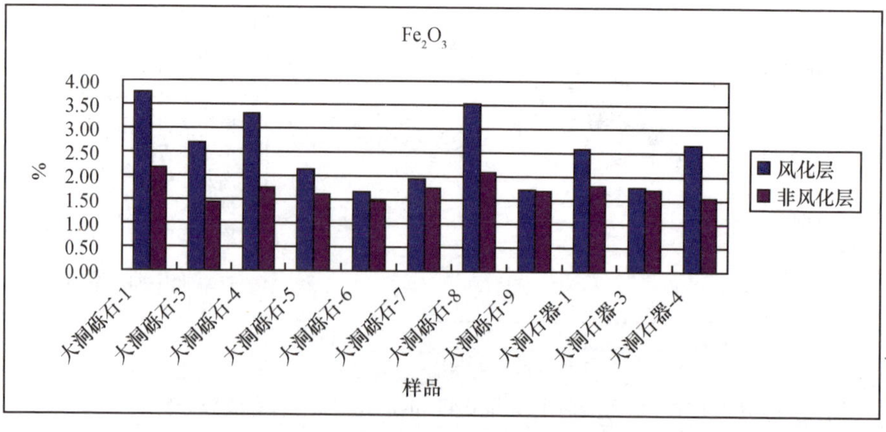

附图4-9　大洞遗址黑曜岩砾石和石器风化层和非风化层Fe_2O_3含量柱形图

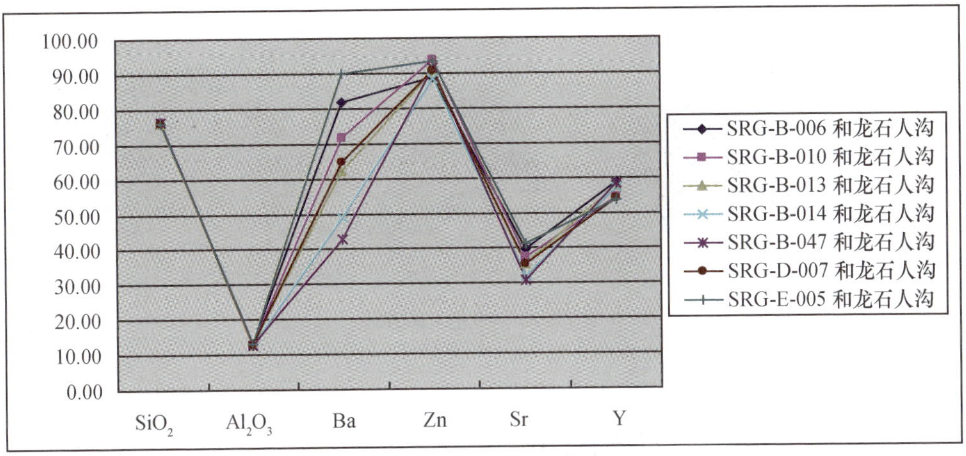

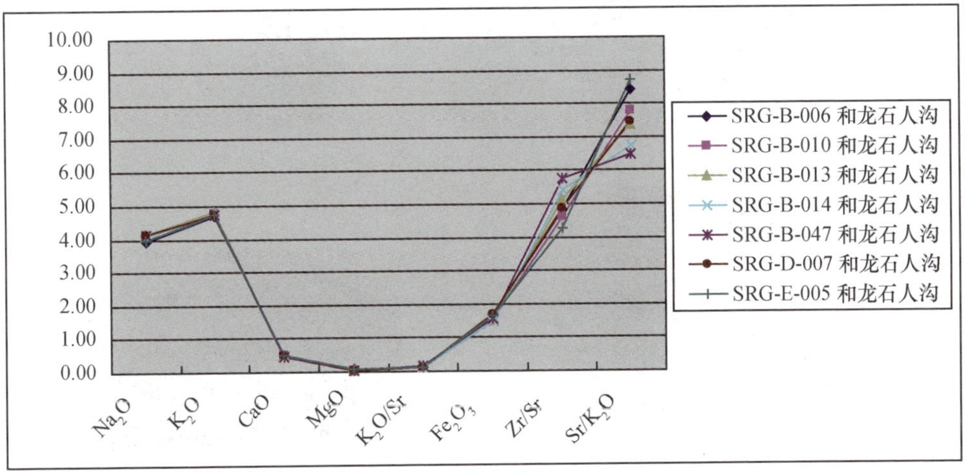

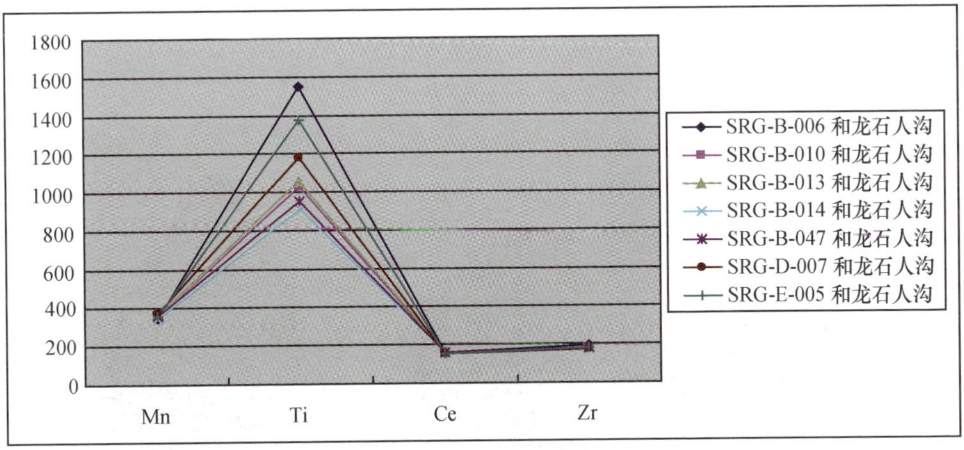

附图4-10 和龙石人沟不同区域不同地层出土黑曜岩化学成分含量及元素对比值变化图

附图5-1　和龙大洞A组

附图5-2　和龙西沟A组

附图5-3　和龙柳洞A组

附图5-4　安图沙金沟A组

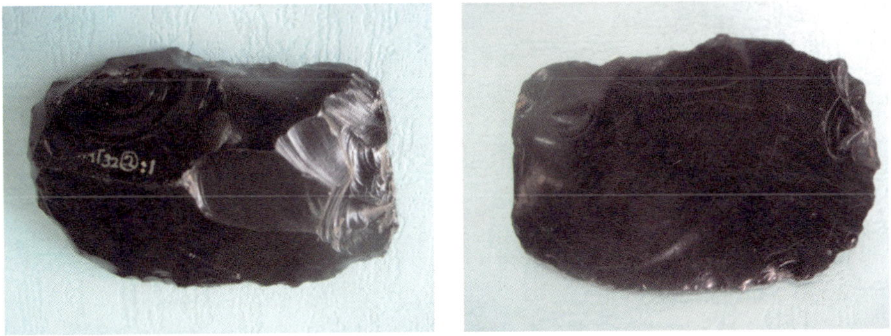

附图5-5　桦甸仙人洞B组

附图5-6　安图沙金沟B组

附图5-7　和龙柳洞C组

07DD.c1088（正）

07DD.c1088（反）

07DD.c1983（正）

07DD.c1983（反）

07DD.c1818

附图5-8　和龙大洞D组

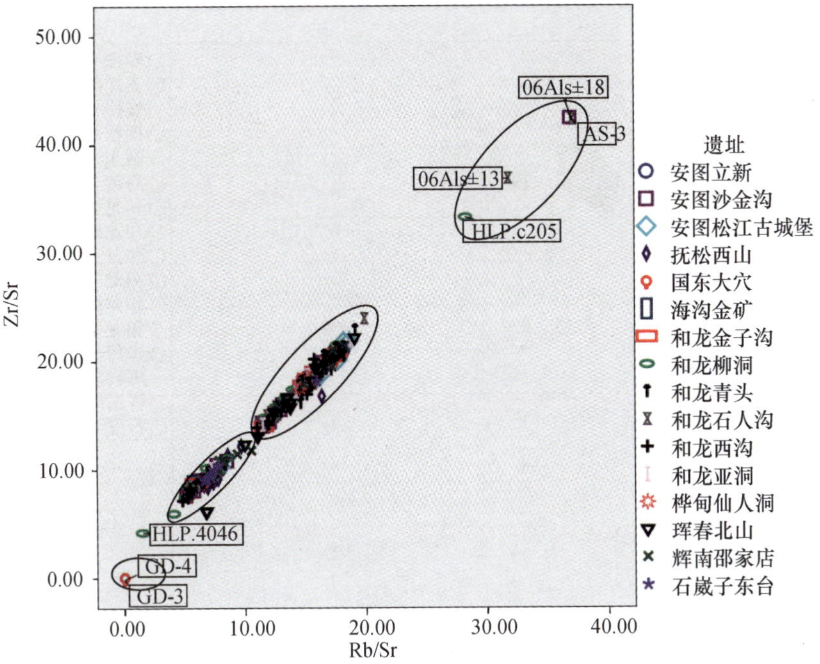

附图5-9　p-XRF检测吉林省东部地区旧石器晚期十六遗址判源元素Zr/Sr-Rb/Sr散点图

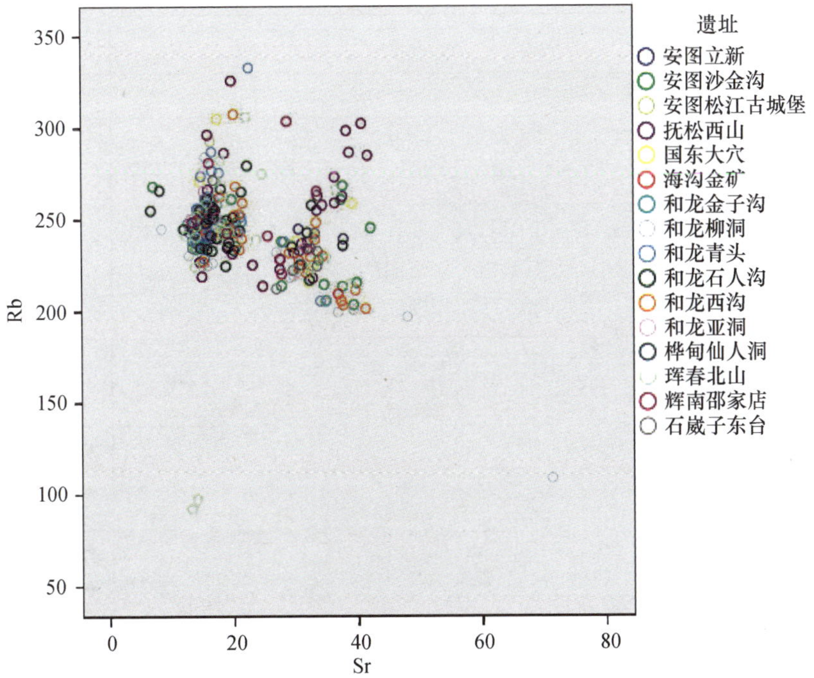

附图5-10　p-XRF检测吉林省东部地区旧石器晚期十六遗址判源元素Rb-Sr散点图

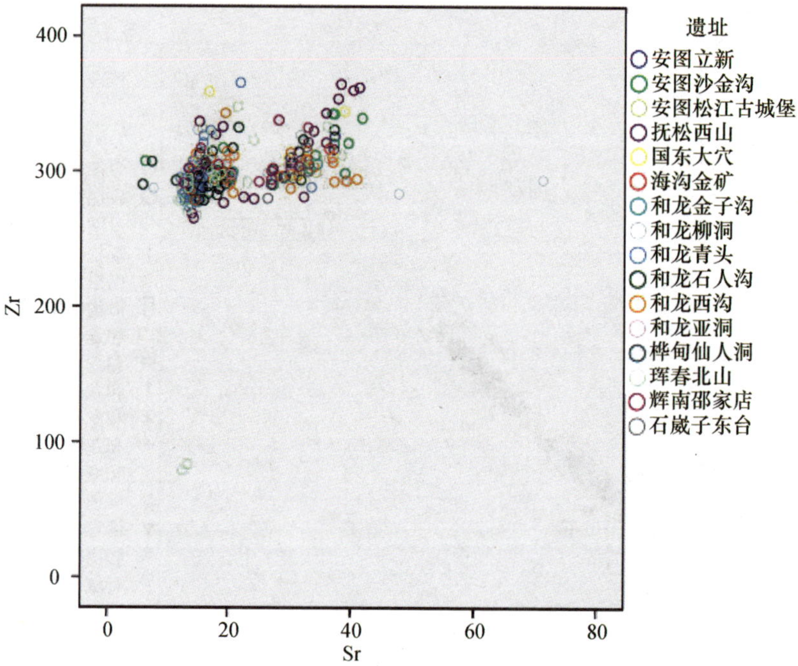

附图5-11　p-XRF检测吉林省东部地区旧石器晚期十六遗址判源元素Zr-Sr散点图

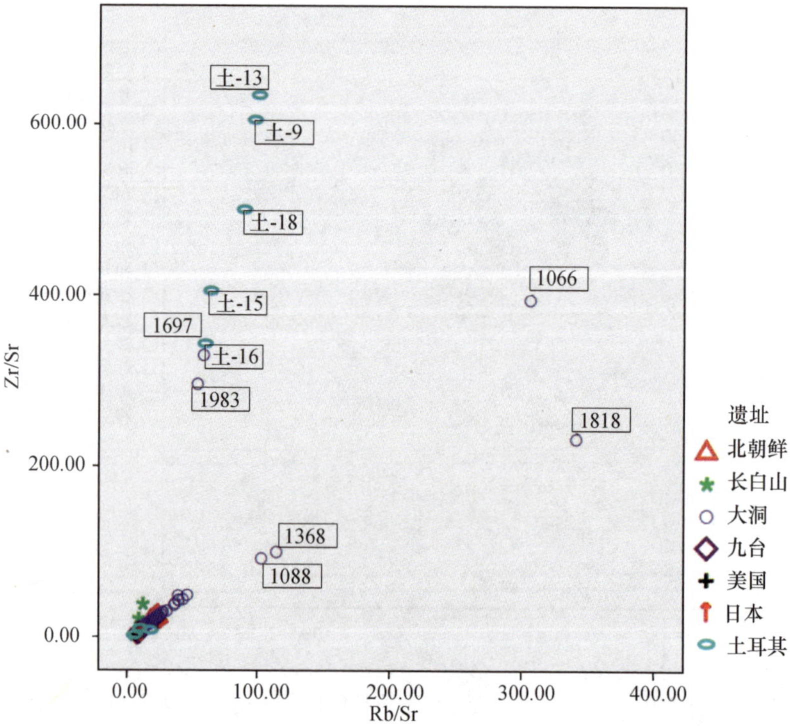

附图5-12　p-XRF检测大洞与其他国家和地区黑曜岩判源元素Zr/Sr-Rb/Sr散点图

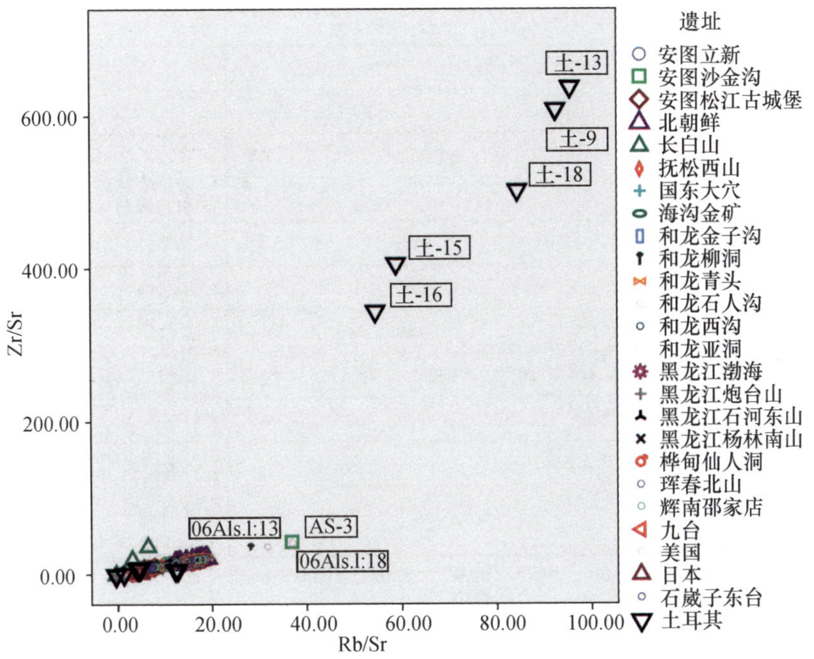

附图5-13　p-XRF检测中国东北地区黑曜岩样品与朝鲜日本土耳其美国Zr/Sr-Rb/Sr散点图

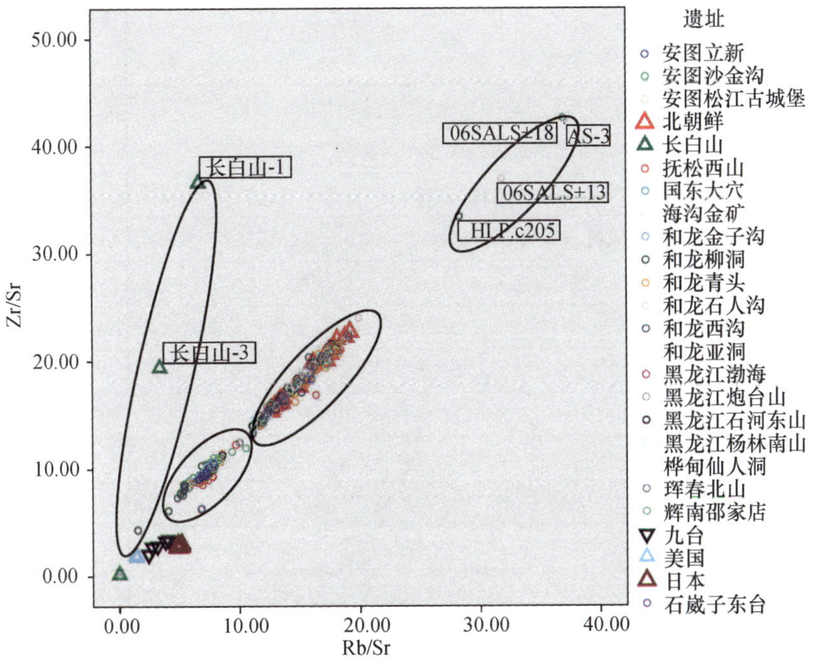

附图5-14　p-XRF检测中国东北地区黑曜岩样品与朝鲜日本美国Zr/Sr-Rb/Sr散点图

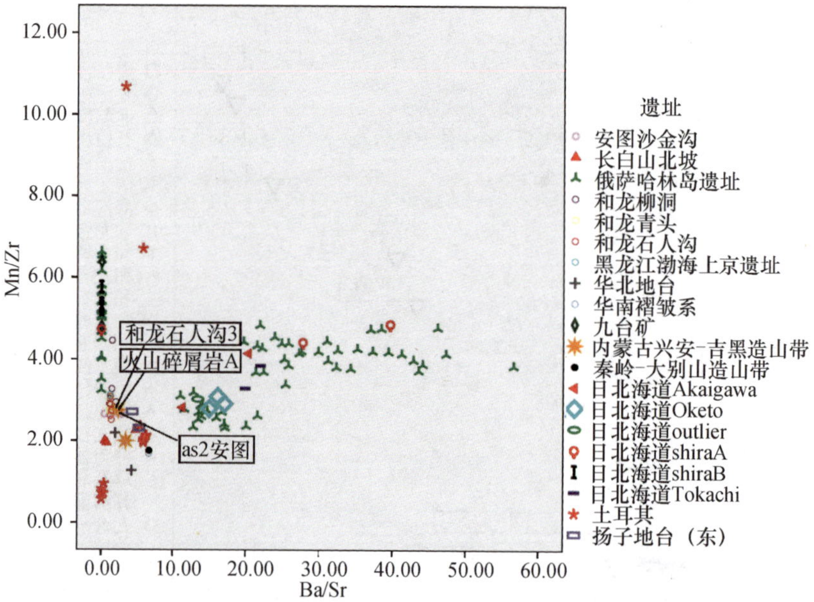

附图7-1　中国东北黑曜岩与东部地区各地质构造带及俄日土元素对比值Mn/Zr-Ba/Sr散点图

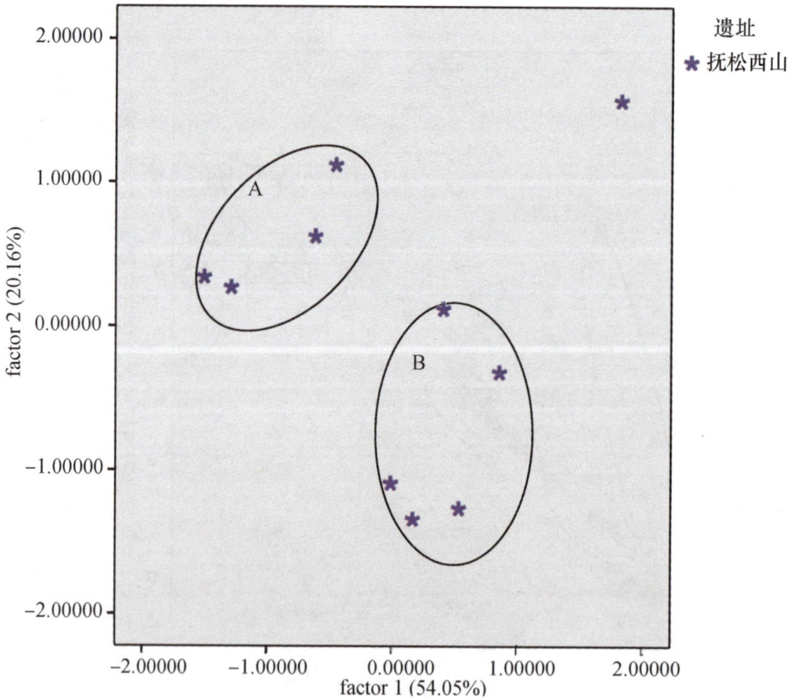

附图7-2　LA-ICP-AES检测抚松西山黑曜岩石片主成分分析散点图

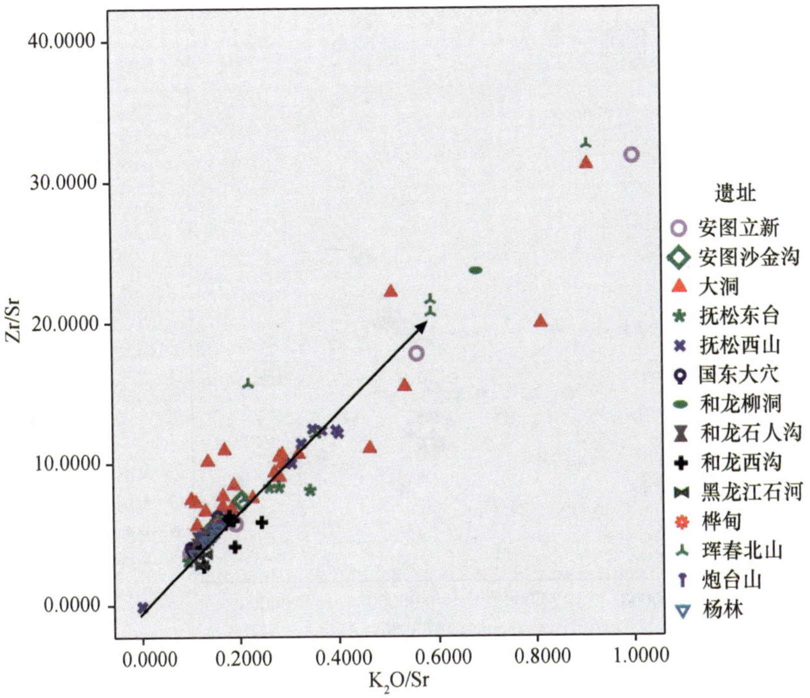

附图8-1　ICP检测中国东北十四遗址黑曜岩样品Zr/Sr-K_2O/Sr散点图

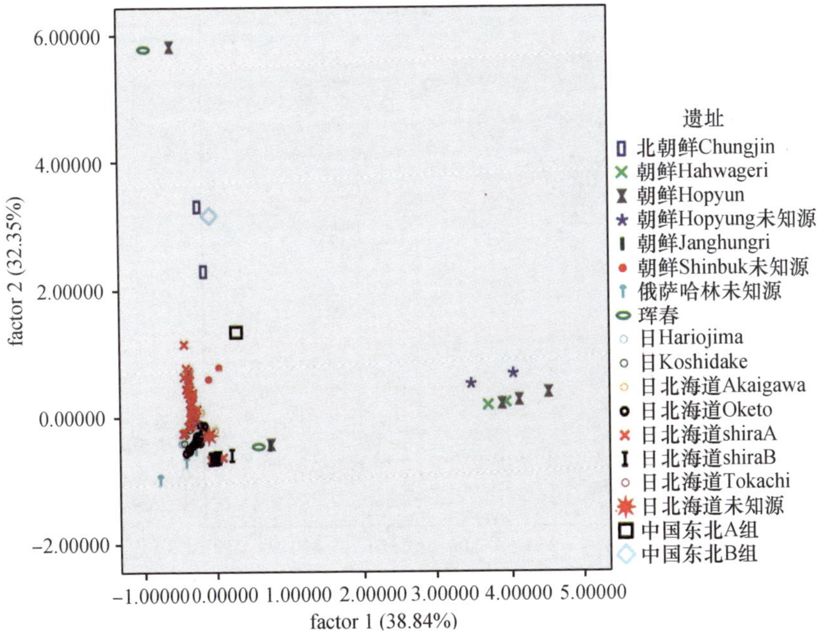

附图8-2　中日朝俄判源元素与元素对比值主成分分析散点图

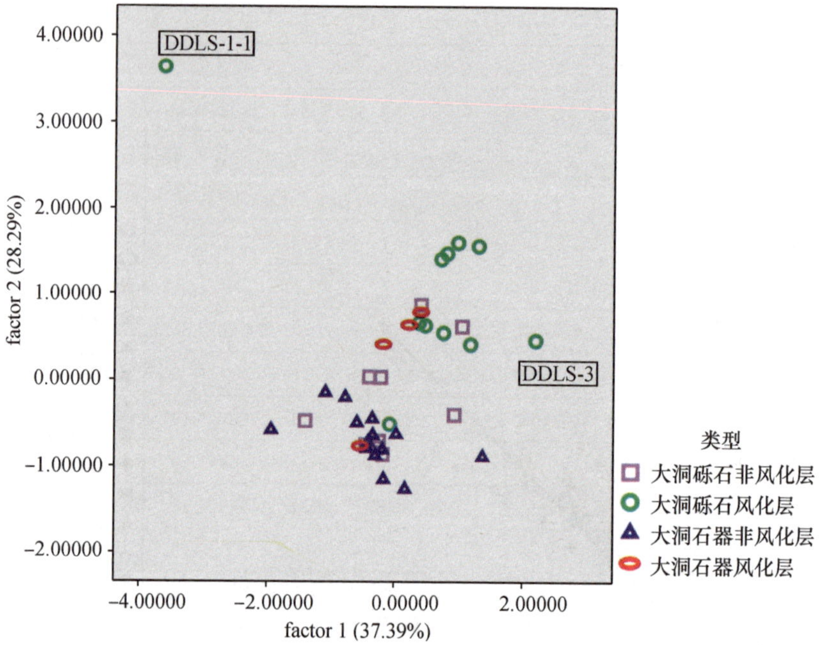

附图9-1　LA-ICP-AES检测大洞遗址黑曜岩砾石与石器（分风化层和非风化层）主成分散点图

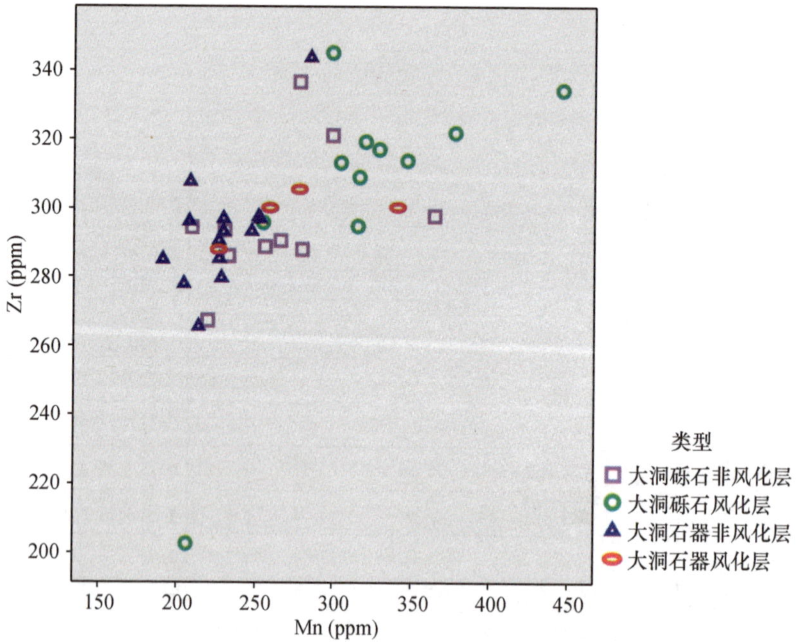

附图9-2　LA-ICP检测大洞遗址黑曜岩砾石原料与石器（分风化层和非风化层）Zr-Mn散点图

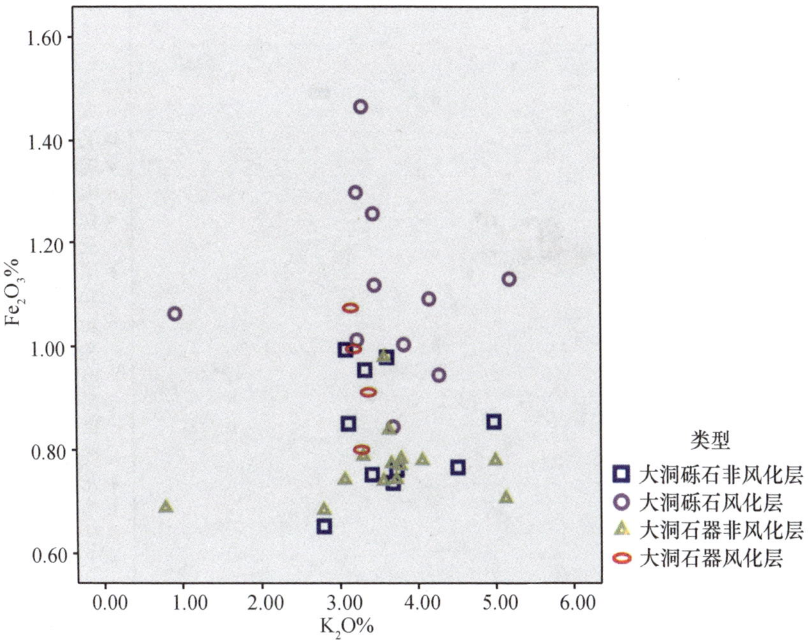

附图9-3　LA-ICP检测大洞遗址黑曜岩砾石与石器（分风化层和非风化层）Fe_2O_3-K_2O散点图

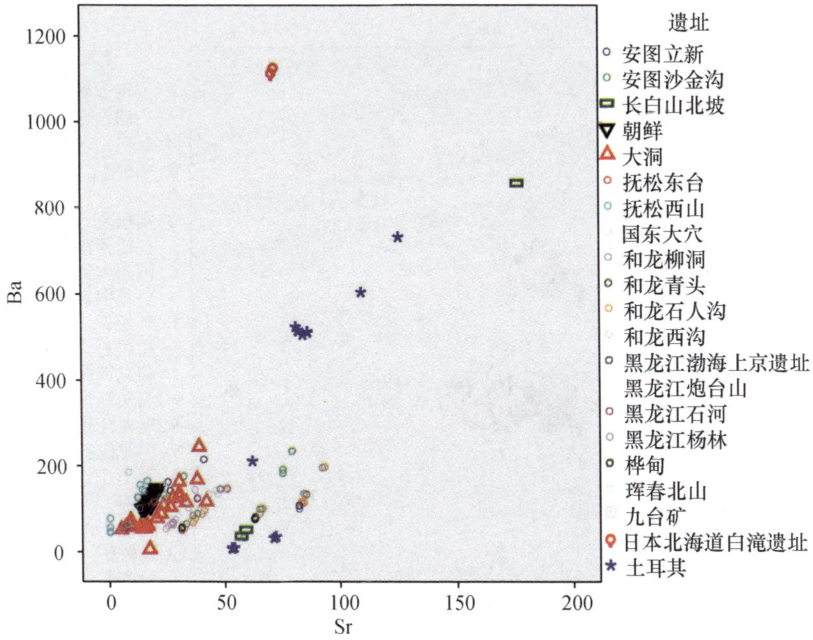

附图9-4　LA-ICP-AES检测中国与日土朝样品Ba-Sr散点图

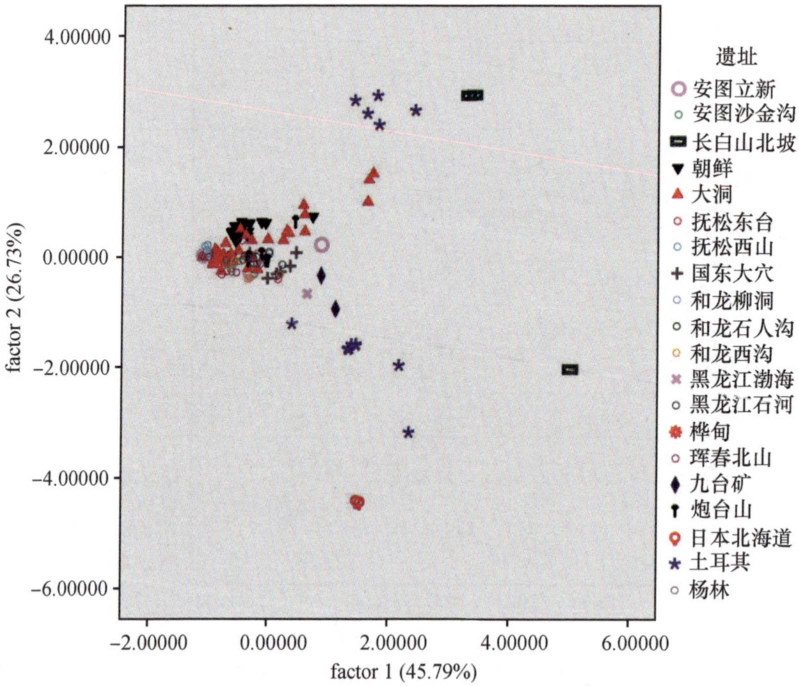

附图9-5　LA-ICP-AES检测中国东北地区及朝日土黑曜岩制品判源元素主成分分析散点图

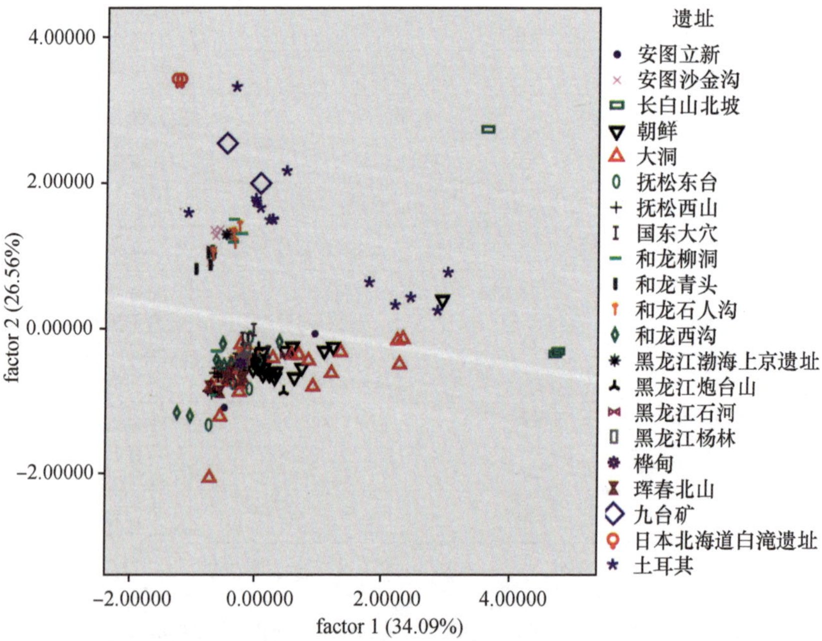

附图9-6　LA-ICP-AES检测中国东北地区和朝日土黑曜岩主成分分析散点图